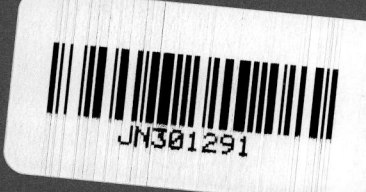

ヨット・ボートに乗るキッカケ教えます！

ヨットで
海へ出かけて
みませんか。

ボートで
海を散歩して
みませんか。

YAMAHA

ar Water 10
DELTA
FAST SET

ほんの少しの勇気と
ちょっとしたキッカケを
つかみさえすれば

海は、私たちの
生まれたところ。

50
YAMAHA
海は、誰でも
受け入れてくれます。

ヨットやボートで
海へ乗り出すこと、
それは生命への回帰であり、
新しい世界への
チャレンジでも
あるのです。

日本の海は
美しい。

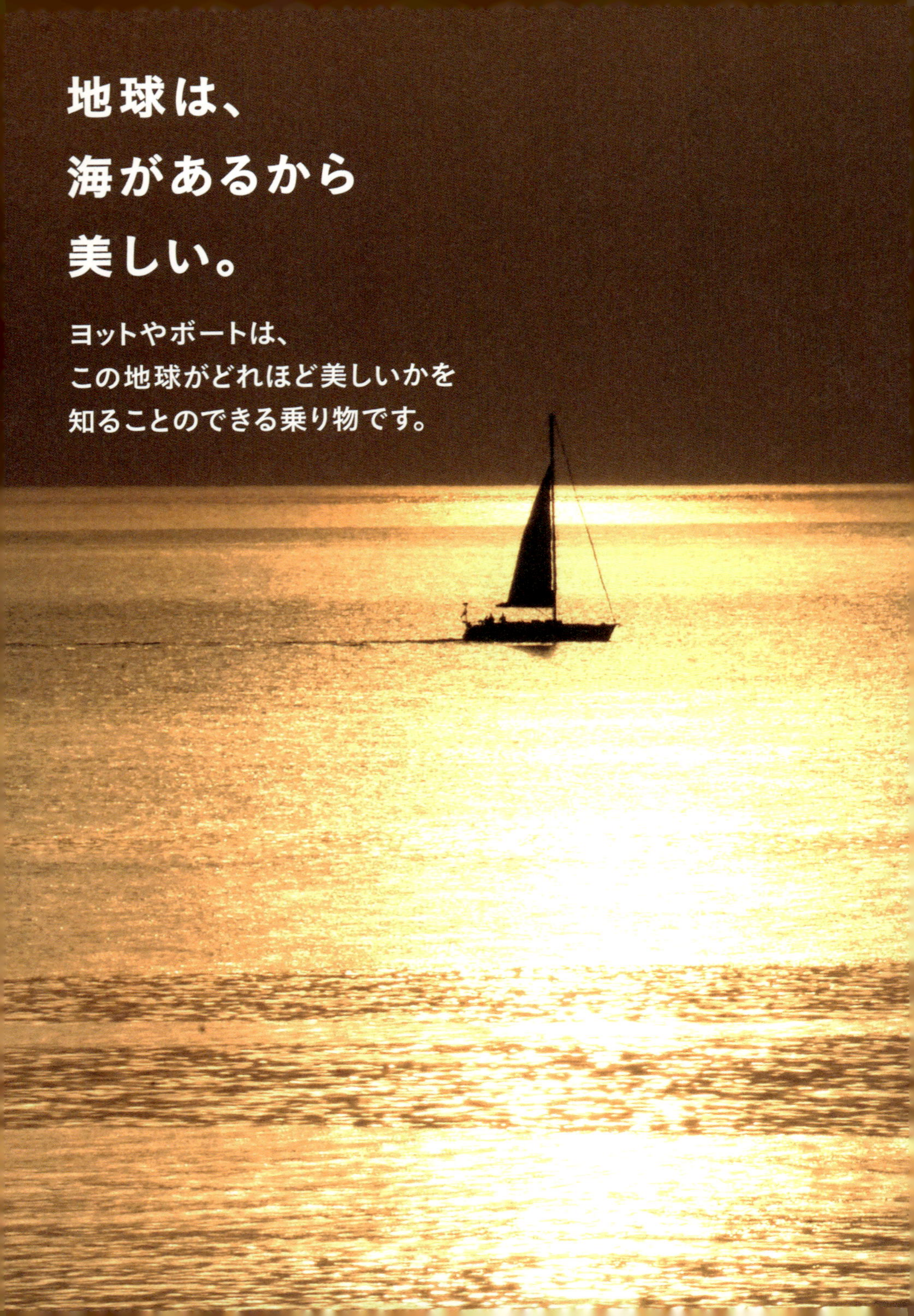
地球は、
海があるから
美しい。
ヨットやボートは、
この地球がどれほど美しいかを
知ることのできる乗り物です。

海は誰にでも公平に、
ときに厳しく、ときにやさしく接してくれます。

そのことを知っている

**世界中のヨット・ボートの
仲間たちは、海という絆で
つながっています。**

ヨット・ボートに乗るキッカケ教えます!

ヨット・ボートに乗るキッカケ教えます

CONTENTS

3 借りて乗る

4 クラブに入会する

5 買って乗る

6 自分で造って乗る

7 乗らずに遊ぶ

8 街で乗った気分を味わう

ヨット・ボートに乗るキッカケ教えます

CONTENTS

9 海外で乗る

10 その他のキッカケ

キッカケをつかんだ先に、こんなに素晴らしいヨットライフやボートライフが待っているのです

読む前に知っておいていただきたいこと

僕たち、私たち、乗ってみたキッカケが

ボートやヨットには
乗ってみたいんだけど、
そのキッカケが
分からない
若夫婦です。

何かマリンスポーツを
やりたいけれど、
ヨット・ボートは
高嶺の花と
あきらめています。

ヨットやボートに
いけどその
わからない

日頃は
ゲームに興じていて
海に行ったことがない、
でも、元気な
子供たちです。

若い頃、
石原裕次郎や
加山雄三が
ヨットに乗っている姿に
憧れていました。

無料の体験試乗会。多くの家族連れが、気軽に参加しています（東京夢の島マリーナ・マリンフェスティバル）

ヨットやボートは誰でも楽しめる

この本を手にした人は、これをキッカケにひょっとしたら「僕も（私も）ヨットやボートに乗ることができるかもしれない」と、期待をもっているに違いありません。また、その思いとは裏腹に、「ヨットやボートは別世界のお遊びで、自分たちとは違う世界の乗り物なんだろうな」と考える人もいるのではないでしょうか。この本はそういう方々のために、「ヨットやボートは誰でも簡単に乗ることのできる楽しい乗り物」であることをやさしく説明していきます。

したがってこの本では、ヨットの走る原理やボートの操船方法、各部名称などといった操船に関する解説はありません。そういう本はこれまでたくさん出版され、いまも売られていますので別でお求めになってください。この本はあくまでも、乗る手前の道筋にある「厚く高い壁」を「薄く低い壁」にするための案内書です。

ヨット・ボートに乗るキッカケ教えます!

読む前に知っておいていただきたいこと

ボートの上ではお父さんが船長。 おかげでボクもお母さんもボーテングが大好きになりました

海遊びに壁はない

　海で遊ぶことを考えたとき、もっともポピュラーな遊びが海水浴といえるでしょう。裸で海で泳ぐ、浜辺で日光浴、砂遊び、磯遊び……。子供のころから親しんでいる海遊びの王様です。そしてもっと波に乗って遊びたいためにサーフィンがあり、もっと深い海を知りたいためにダイビングがあり、もっと遠くの海へ行きたいためにボートやヨットがあるのです。サーフボードやダイビング器材と同じように海を楽しむ道具としてボートやヨットがあるのです。

読む前に知っておいていただきたいこと

　たまたま浜辺から出ることのできないボートやヨットは、天然の入り江や岸壁で囲まれたマリーナなどに置かれていますが、基本的には海で遊ぶ道具のひとつに変わりはありません。海で遊ぶ、あるいはスポーツするという意味では海水浴もサーフィンもボートもヨットも同じです。そこに壁はありません。

　ボートやヨットが置かれているマリーナにも大きな壁はないのです。ところが慣れていない人はどうしても、マリーナの中は特別な場所で、入ってはいけないと思っている人が多いのです。しかし実は、慣れている人はボートやヨットをもっていなくてもマリーナ内にあるレストランやショップを気軽に利用しているのです。湘南のある有名なマリーナは、一般客でにぎわうレストラン部門の売り上げが経営に大きく貢献していたりするのです。

　海遊びに壁はないのです。ボートやヨットに慣れ親しむ方法のひとつは、マリーナは気軽に立ち寄ることができる施設であることを知ることです。まずはびくびくせずに、レストランで食事でもしてみることにしましょう。会員制の特別な施設なら、そこから先は立ち入り禁止の表示がありますし、スタッフに指示されるのでご安心ください。

　そして多くのマリーナは、ボート免許教室を開催していたり、案内していたり、シーズンになると体験乗船会やさまざまなイベントを楽しめるマリンフェスティバルを開催していたりします。マリーナに気軽に立ち寄ることによって、ボートやヨットに乗るキッカケが生まれ、いずれはオーナーになってマリンライフを謳歌《おうか》することもできるのです。

このヨットはジョイスティックを左右に倒すだけでセーリングできます。しかも多少の風では倒れません。初心者に最適なセーリングディンギー「アクセスディンギー」

ボート、ヨットはお金持ちだけの遊びではありません

ボートやヨットはお金持ちのセレブの遊びというイメージがあります。世界的にいってもセレブのイメージはありますが、ボートオーナー =お金持ちではありません。ヨットオーナー =セレブ、でもありません。日本ではイコールで見てしまいがちですが、ボートやヨット遊びの歴史の長い国々ではそうでもないのです。

つまり、中には相当な大金持ちもいますが、ほとんどは普通の人も楽しんでいる乗り物のひとつという感じです。ボート・ヨット文化のある国の人々はそのことを正しく認識しているだけなのです。実際、わが国においてもヨットやボートのオーナーの多くは年収千万円以下なのが現実です。新艇の価格が数千万円で、年間維持

体験乗船でボートに乗った子供たち。東京ベイブリッジの下をボートで通過することなんてめったにありません。大人も一緒に大はしゃぎです

費がウン百万円というオーナーは全体の中のほんのひと握りしかいないのです。

あとでご紹介しますが、安い中古艇を購入したり、仲間何人かで共同購入したりして無理なく楽しんでいる人もたくさんいます。中には自分で造って世界一周を達成した若者もいますし、リタイア後にスクールで体得して140万円の中古クルーザーを購入して楽しんでいる人もいます。ボートやヨットの価格は中古も含めるとピンキリで、下は数万円からあるので自分の予算に合わせて探すことができるのです。

また体験乗船会や、クルーが不足しているヨットに無料で乗せてもらうこともできます。そういった情報について、これまであまり系統立てて書かれたことがなかったので、ヨット・ボートが普及することを願って、この本を書いてみることにしました。

マルケサス諸島にある島の入り江に憩うヨットたち。アスリートでもなんでもない普通の老夫婦などが、世界中からクルージングで立ち寄ります

世界最高峰のヨットレースとされるアメリカズカップの参加艇。オリンピックのメダリストも乗るほどのアスリートたちが競い合います

読む前に知っておいていただきたいこと

激しい運動は必要ありません

ヨットレースの世界最高峰のレースと称されるアメリカズカップの映像を見ていると、デッキの上で筋肉隆々のクルーたちが激しく動き回っています。あるいはオリンピックで採用されている一人乗りや二人乗りのセーリングディンギーなども同様に体力を使いますが、どちらもヨットをスポーツとしてとらえてその技術を競い合うわけですから当然です。

しかし、普通にヨットを操船したり、ボートを操縦するには体力はほとんどいりません。

実際に地中海やカリブ海、そして南太平洋の島々を巡るクルージングヨットの人たちの中には、お年寄りのご夫婦がたくさんいます。ボートのオーナーでもご老人がたくさんいます。

ボートでもヨットでも、普通に走らせてクルージングするだけでしたらアスリートのような体力はいらないのです。ごく普通に、日常生活をフネの上にもっていくだけでいいのです。

アメリカズ カップ

アメリカズカップヨットレースはフネやセール、関連機器のハイテク化が進んでいます。このクラスになると体力が必要とされますが、F1のカーレーサーと同じでほんの一握りの選ばれた人たちです。むしろそのカッコよさに憧れを抱きます

風で走るヨットは環境にやさしい乗り物

ヨットという言葉は、実は欧米では個人所有の小型舟艇全般のことを指し、セール（帆）があってもなくてもヨットと呼びます。しかし、日本ではヨットというと帆で走る乗り物という概念が浸透していますので、ここではその通りの意味として進めてまいります。

ヨットはセールに風を受けて走るわけですからセールボートとも呼ばれます。そして、キャビンのない小型のヨットをセーリングディンギーと呼び、キャビンのあるクルーザー型のヨットをセーリングクルーザーと称します。

セーリングクルーザーの場合は港の出入港のときには補助エンジンを使いますが、ヨットの動力は風です。風の力で走り、世界一周もできる乗り物です。つまり究極のエコな乗り物なのです。そして、燃料費もほとんど必要のない経済的な乗り物ということができるのです。

ですからボートで世界一周をする人はほとんどいませんが、ヨットで世界をクルージングしている人はたくさんいます。あまり一般的には知られていませんが、日本人もいまこの時点で十数艇が世界のどこかをクルージングしているのです。後ほど、つい昨年から海外クルーズを始めたばかりのご夫婦のお話しもお伝えすることにしましょう。

ヨット・ボートに乗るキッカケ教えます!

読む前に知っておいていただきたいこと

海遊びの中のボート・ヨットの位置

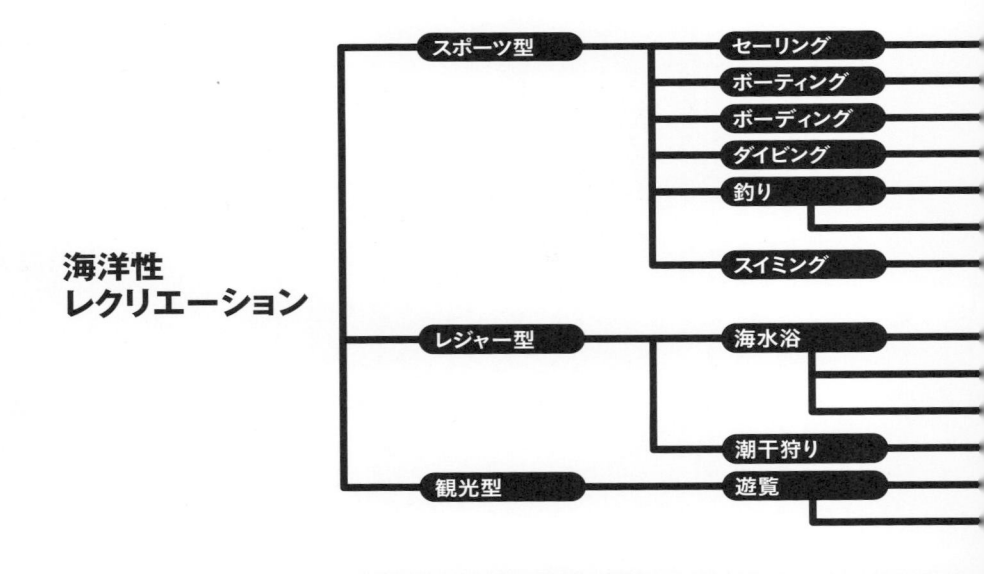

海洋性レクリエーション

- スポーツ型
  - セーリング
  - ボーティング
  - ボーディング
  - ダイビング
  - 釣り
  - スイミング
- レジャー型
  - 海水浴
  - 潮干狩り
- 観光型
  - 遊覧

関連レクリエーション

- ビーチクラブ：ビーチスポーツ、遊び、海洋生物学習、仲間作り
- 海浜ゲーム：ビーチバレー、西瓜割り、フリスビー、サイクリング
- 見物・見学：バードウォッチング、マリンランド見物、イベント見物
- 休息：散策、日光浴、バーベキュー、ビーチパーティー
- ホビー：ラジコンボート・ヨット、模型づくり、絵画、小説

読む前に知っておいていただきたいこと

マリンスポーツの中で、ヨット・ボートは どんな位置にあるのでしょう?

ヨットやボート（水上バイクを含む）は、海で遊んだり、スポーツしたりするための乗り物ですが、海洋性レクリエーションというくくりの中ではどのような位置にあるのかを、知っておくことにしましょう。図は財団法人海事広報協会の発表しているフローチャートに、私なりに時代を経て出現した新しいスポーツを付加したり、現在に合わせて移動したものです。

- ヨット、カイトセーリング、ボードセーリング
- モーターボート、ウエイクボード、水上スキー、パラセール、水上オートバイ
- サーフィン、ボディボード
- スキン・ダイビング、スキューバ・ダイビング、スノーケリング
- ボートフィッシング、トローリング
- 沖釣り、磯釣り、浜釣り、桟橋釣り
- オープンウォータースイミング、トライアスロン、スポーツとしてのライフセービング

- 海水浴、遠泳、飛び込み、波のり、砂あそび、磯あそび
- ローボート、シーカヤック、カヌー、ゴムボート
- 海浜キャンプ、臨海学校
- 潮干狩り
- 海上遊覧（観光船、旅客船、ヨット・ボートでのクルージング）
- 海中遊覧（グラスボート、海中展望塔）

関連活動
- 救助、ライフセービング
- ボランティア → ビーチクリーン
- 研究・教育 → 体験学習
- 研修
- 会議

（上）キャビンのないセーリングディンギーは子供でも楽しめます
（下）セーリングクルーザーには木目の美しい木造船もあります

エンジン付きのボートの場合、わが国ではこのくらいのサイズが最も普及しています。釣りを目的とする人がやはり多いですね

地中海のモナコで見かけたスーパーヨット。欧米にはこのような大きなボートやヨットで遊ぶ人たちがたくさんいます

読む前に知っておいていただきたいこと

ボート・ヨットの呼び方と大きさ

ここで少しボートやヨットの呼び方や大きさの話をしておきましょう。先ほども説明しましたが、日本ではヨットというとセール（帆）のあるものを指していますが、実は欧米ではヨットとは「個人所有の舟艇全般」を指します。ですから、欧米で「僕のヨットに乗りに来ないか」と言われて、行ってみるとボートだったりすることもあります。日本ではボートやヨットも含めて、プレジャーボートと総称することもあります。

小さいものから説明しますと、長さが３メートル未満、エンジンの出力が２馬力以下のボートのことをミニボートと称します。このクラスはボート免許も不要で、クルマでいうところの車検にあたる船検（船舶検査）も要らないために、入門ボートとして普及に貢献しています。

３メートル以上のエンジン付きボートとなると、わが国では最も普及している長さは6メートルから7.6メートル（ざっと20フィートから25フィート）になります。このクラスがスタンダードサイズといってよいでしょう。

ボートも30フィート（9メートル）となるとそこそこ大きいので中型ボートというサイズにあたり、40フィート（12メートル）を超えると大型ボート、あるいはビッグボートと呼んでいます。欧米ではもっと大きいクラスをビッグボートと呼んでいますが、ここでは日本の実情に合わせます。

さらに大きいクラスはスーパーヨットと呼ばれるもので、全長が100フィート(30メートル)を超えるボートやヨットを指します。その上が、メガヨットと呼ばれるクラスで328フィート(100メートル)を超えるものを指します。分かりやすく言うと、スーパーヨットは100フィート以上、メガヨットは100メートル以上、ということになります。

では日本でいうところのセーリングヨットはどのくらいの大きさが普及しているかというと、25フィートから30フィート程度と言っていいでしょう。

メガヨットやスーパーヨットは数億円、数十億円の世界ですから、ここでは小さなサイズおよび普及しているサイズに限定して話を進めていくことにします。ちなみにわが国のボート免許1級で操船できるのは長さ24メートル未満のボートまでです。

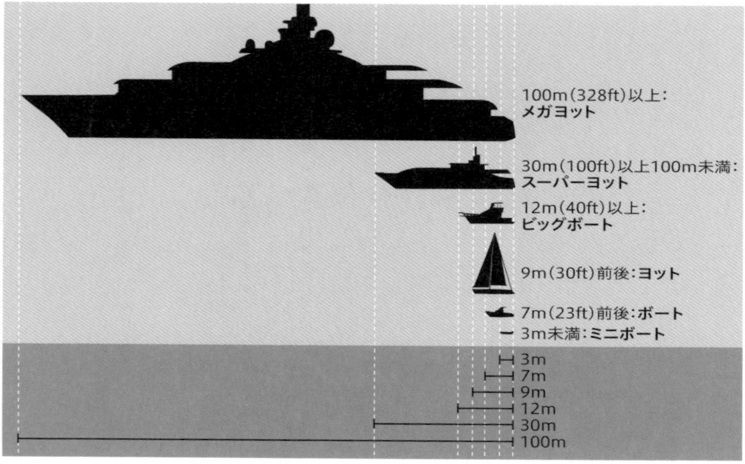

ヨット・ボートに乗る キッカケ10ポイント

POINT 1

無料で乗る

毎年３月に開催される日本最大の国際ボートショー。 最近はパシフィコ横浜と横浜ベイサイドマリーナの2会場で開催されています。 もちろんマリーナ会場のほうでは、体験乗船会も開催されています

頻繁に開催されている体験乗船会を利用する

「え？ ヨットやボートにタダで乗れる方法ってあるの？」

はい、あるのです。こうしたことを知らない方々があまりにも多いので、キッカケのしょっぱなから皆さんの常識―――ヨットやボートはお金がかかる別世界―――をくつがえすことから始めることにしましょう。

無料で乗る方法のひとつは、全国いろいろな場所で開催されている体験乗船会のご案内です。

もとを正せばボートやヨットを製造したり販売している業界が、普及することを目的とするために始めたものや、愛好家たちがこの爽快な趣味の素晴らしさを、より多くの人たちに知ってもらいたいと始まったものです。

ボート・ヨットに関連する業界団体である（社）日本舟艇工業会は、毎年春先になるとインターナショナルボートショーを開催していますが、イメージとしてはボートやヨットを見学するように思いますが、そのショーの開催期間中にもショー会場の近くで無料体験試乗会が開催されています。

また、シーズンに入ると5月から10月まで「実感！マリーンウィーク」と題して全国規模の体験試乗会が開催されています。こちらは前述の（社）日本舟艇工業会をはじめとして（社）マリーナ・ビーチ協会、（財）日本海洋レジャー普及・振興財団、（財）マリンスポーツ財団、（財）日本セーリング連盟の５団体が協力しあい、各団体

体験乗船で初めてヨットに乗る子供たちもうれしそう

の全国にある支部でヨットやボートの体験会が開催されています。

　また、1996年に海の日（7月20日）が国民の祝日として施行された年から始まった「海と遊ぼう720キャンペーン」もそのひとつです。

　その趣旨を読んでみることにしましょう。

「マリンスポーツの雑誌に携わるジャーナリストたちの任意団体〈マリンジャーナリスト会議〉は、『海の日』をできるだけ多くの人々に海に親しみ、海の素晴らしさを知っていただく絶好の機会と考え、〈海と遊ぼう720〉キャンペーン推進委員会を発足し、『海の日』を中心にキャンペーンを行ってまいりました。

　日本は島国であるため海洋国家と捉えている人が多いようですが、日常生活の中で海に出る機会のある人や、そうした機会を持てる人はごく一部というのが日本の現状です。海の素晴らしさや海で

の安全な楽しみ方を、大勢の人々に知っていただくためには、それこそ実際に海に出て、海の現状を知り、海について考え、そして語り合うことが何よりも大切であると私たちは考えます。

〈海と遊ぼう720〉キャンペーンは、私たちが携わる雑誌の読者であるボート・ヨット・パーソナルウォータークラフト(水上オートバイ)等の個人オーナーをはじめ、マリンクラブやマリーナ等に対して、“海体験”の試乗協力艇の提供を呼びかけると同時に、海に興味はあるものの実際に海に出る機会が得られなかった人々に対して体験試乗の呼びかけを行い、『乗せたい人』と『乗りたい人』の橋渡し役をすることを骨子としています」

　ということです。このキャンペーンは期日近くになると乗船できる艇のリストと連絡先がマリンジャーナリスト会議のホームページ

〈海と遊ぼう720〉キャンペーンで体験乗船したゲストとクルーたち(東京湾マリーナ)

体験乗船会に協力するボランティアオーナーたちは、初めて乗るゲストたちにヨットが好きになってもらいたいと親切に応対します

2010
海
TOKYO
LIFESLING
62
FIRST 285

やマリン関連雑誌に掲示されるので、あなたのお近くの協力艇に連絡すれば無料でヨットやボートに乗ることができるのです。実施期間は7月20日に限らず前後2カ月ぐらいの期間を設けている協力艇やクラブもあるので気軽に利用できます。

また、海の関連団体15団体で組織されているUMI協議会で運営しているホームページ「海ちゃんねる」では、体験乗船会に限らず各団体が開催している海関連のイベント・スケジュールを管理しており、いつでも閲覧することができます。UMI協議会のUMIは「海にみんなで行こう」の頭文字で、同ホームページには同協議会の普及ボランティア女性チーム「海なでしこ」によるさまざまなイベントへの参加レポートも紹介されており、イベントの模様が分かり、初めて参加する人の参考になっています。

キーワード

720 キャンペーン　検索

海ちゃんねる　検索

マリーンウィーク　検索

マリーナで開催されている マリンフェスティバルを利用する

冒頭でご説明した通り、ボートやヨットが係留されているマリーナも近隣の住民や子供たちのために、シーズンになるとマリンフェスティバルと称するイベントを開催しています。

イベントの中に必ずといっていいほどあるのがヨットやボートに

ヨット・ボートに乗るキッカケ教えます!

無料で乗る

無料で乗れる体験乗船会。中にはセーリングクルーザーによるヨットレースに、親子で乗船できるイベントなどもあります。これなどもほんの一部の知っている人だけが享受している素晴らしい経験で、もっと普及してもらいたい体験イベントといえます。

体験乗船に限らず、マリンフェスティバルは生バンド演奏や花火大会など他のイベントも充実しており、出店などもあるため家族連れでマリーナライフを体験するには最適です。

キーワード

マリンフェスティバル	検索

アクセスディンギーは操船が簡単で安全なため、港内なら初めての子供たちでもヨットを走らせることができます

（上）マリンフェスティバルの会場には、販売用のボートが展示されていることがあります（逗子マリンフェスティバル）
（下）体験乗船にこれから出港します。大人も子供も、みんな一緒にボートに乗って、ハイ、ポーズ（東京夢の島マリーナ）

専門誌にあるクルー募集を利用する

無料で乗るもうひとつの方法として、すでにヨットやボートを持っているオーナーさんの艇の乗組員（クルー）になる方法があります。単純にいえばフネのオーナーはフネを提供して、乗組員は乗せてもらう代わりに「労働」を提供するという関係です。

外国ではペイドクルーといって、オーナーが乗組員に賃金を支払う例もありますが、日本では特殊な場合を除いてペイドクルー制はありません。しかし、意外と簡単にヨットやボートのクルーになれることを知らない人が多いようですので、その方法を説明しましょう。

では、どこでクルー募集をしているフネを探すか、というところからはいっていきましょう。

ヨット・ボートの専門誌「KAZI」のクルー募集コーナー

ヨットのクルーになるとヨットレースにも参加することもできます。写真はタレントのタモリさんが主催するヨットレース（沼津）のパレードの模様。タモリさんもヨットのオーナーで、もっとヨットが普及することを願っています

自分の住んでいる近くのマリンショップへ行って、お店の人にたずねるという手もありますが、これはその店の営業マンと多少顔なじみにならなければならないというプロセスが必要となります。マリーナによってはフロント付近の掲示板にクルー募集の情報が出ていることもありますが、もしなければ少し勇気をもってマリーナのスタッフに聞いてみるのもいいかもしれません。マリーナスタッフは、普段からクルーがいなくて困っているオーナーのお世話をしているかもしれないからです。

最近はインターネットでキーワード「クルーザー　クルー募集」で検索すると、いくつも募集要項が出るようになりました。また、ヨット・ボートの月刊専門誌「KAZI」（舵社刊）の巻末あたりに掲載さ

れている「クルー募集」というコーナーを利用する方法もあります。しかし、クルー募集というのがどのようなシステムなのか、普通の人は理解できないと思いますのでざっとここで説明しておきます。

クルーをネット上や雑誌の上で募集しているヨットについては、そのヨット（ボートのこともある）のオーナーが直接募集をかけているか、あるいは連絡係のクルーがオーナーから頼まれて募集要項を提示しているケースがあります。

そこには乗るヨットの種類（ナントカカントカ30などと書いてありますが、これはだいたいの場合、ヨットの種類と30というのは30フィートの長さのクルーザーであることを示しています）、それに艇名（オーナーが付けたフネの名称）、条件（経験不要など）、連絡先などが記入されています。

乗るヨットチームの性格はいろいろある

初心者にとって一番不安なのは「条件」という項目です。心配することはありません。「性別、経験不問」がほとんどで、あとは「土日祭日乗艇可の方」とか書いてあります。中には「酒の好きな方大歓迎」という誘い文句のものもあります。

ここで注意しなければならないことは、希望のヨットがレース志向の艇なのか、クルージング主体の艇なのかを見定めなければならないことです。

クルージング主体の艇ならば、週末はデイクルージングと称して、朝出港してマリーナの近辺をセーリングしたり、連休や夏休みには数日かけて少し遠くの港や島めぐりをするのでそんなに体力はいりません。

しかし、ヨットレースを主体とする艇のクルーとなると、ヨットをスポーツ感覚で乗りこなすため、体力と敏しょうさが要求されます。中には自動車でいうF1のようなヨットもあり、日本国内はおろか海外レースにまで参戦するヨットもありますので、体力と運動神経に自信がある人にはおすすめです。

全国的にはレースもクルージングもどちらも適度に楽しむというチームが多いのではないでしょうか。地元のクラブ主催のレースにはたまに参加して、連休や夏休みにはクルージングを楽しむといったチームです。

そして、希望の艇が決まったら、すぐに行動を起こすことです。連絡先へ電話すると「とにかく今週の土曜にでもマリーナの桟橋へ来てみてください」となり、クルー稼業が始まります。

所詮みな人間、船の上では協調性が基本

ではクルーとはいったい何をすればよいのでしょうか。これは一言では言えませんが、そのフネの船長（ボートやヨットの場合は艇長、あるいはスキッパーとも呼び、オーナーがスキッパーを兼ねることもあります）の指示に従い、操船に関する雑用全般を絶対服従で行う係、とでもいいましょうか。セール（帆）の揚げ降ろし、出入港の準備、料理、掃除、その他、スキッパーの手となり足となり確実に素早く行動することが要求されます。

小さなヨットの場合ですと、これらの作業をすべて一人でこなすのですが、船内もそれなりに小さいので一人で充分です。大型ク

クルーとしてクルージングやレースに参加すると、オーナーや他のクルーとも仲良くなってさらに楽しみが広がります

爽やかな南西風を受けて快走するヨット〈ヴェルデIII〉。東京湾の海ほたるを周回するスバルザカップヨットレースの一場面です

ルーザーになると2～4人のクルーが必要で、レース艇ともなるとクルーは10人を超えることもあります。その役割分担を的確に行えばよいのです。どのような分担、あるいはどのような配置にするか、各艇によって独自のシステムがあるのでそのスキッパーの指示に従うことになります。

クルーになる注意点

無料でヨットに乗れるのですから、ある程度の苦労は覚悟しなければなりません。だからといって鬼のような船長のいる奴《ど》隷《れい》船を思い浮かべる必要はありません。お互い狭い船上で生身の人間同士なのですから、そこは和気あいあいと、同じ海を愛する仲間として対応してくれるので心配することはありません。

ただし、海という大自然が相手ですから、厳しい態度でのぞまなければ危険が伴う場合もある、ということをクルー自身が自覚しておく必要があるのです。そして、人間関係がうまくいくようにクルー自身も努力しなければならないということです。

和気あいあいとはいえ、狭い船内で寝食を共にするため、どうしても性格的に嫌な面が出てしまうこともあるのです。

スキッパーとの関係、オーナーとの関係、クルー同士の関係、すべて運命共同体です。家族と言っても過言ではありません。常識的ではありますが、陸でも難しい人間関係ですが、狭い船上ではこの常識的な人間関係を保つことがとても大切なこととなりますし、良い関係を保つことによって長続きします。

あとは出来る限り「毎週」のように乗りに行くことです。フネは「習うより慣れろ」とも言われるほどで、数多く乗ることによってクルーワークも磨かれていきます。オーナーやスキッパーがフネに来なくても、毛布を日干したり、船内の掃除や備品の整備など、やることはたくさんあります。率先して働くことによってスキッパーや先輩たちの信頼もあがっていくものです。

年に一度ぐらいは大がかりの整備がありますが、そういうときもサボってはなりません。いい時や楽しいときにだけ乗って、あとはサヨナラではいずれは誘いがこなくなってフネを降りることになります。

自分の費用は自分で負担しましょう

フネに乗せていただいているのですから、何でもかんでもオーナー任せというのはいけません。フネへ行く往復の交通費や自分の嗜好《しこう》品、フネでの食事代などはクルーが分担して支払うべきです。

オーナーによってはマリーナのレストランでの昼食代などを負担してくれる人もいますが、いつもそれに頼っていてはいけません。自分のことは自分でする。そして乗せてもらっているフネのことを大切にしましょう。

交通費と食事代程度でヨットに乗せていただいているのです。しかもクルージングに出かける時にはフネで寝泊まりもさせてもらえるのです。適度な厳しさは自分を鍛えるという意味でも妥当だと考えるべきです。

キーワード

クルーザー クルー募集　検索

ヨット・ボートに乗る キッカケ10ポイント

POINT 2

スクールで学ぶ

ヨットスクールで学ぶ

ヨットに乗るキッカケの最も身近で確実なものは、やはり、基本からインストラクターについてそのノウハウを学べる「ヨットスクール」といってよいでしょう。

スキー場にスキースクールがあるように、海にはヨットスクールがあります。一般的には「泳げないとダメなんじゃないか」とか、「海が相手だけに厳しいんじゃないか」といったイメージがあります。

そんな心配はご無用、ヨットのインストラクターはもともと自分がヨット大好きなために、ヨットの魅力をたくさんの人に知ってもらいたいという思いが強く、初心者にもやさしく対応してくれます。泳ぐことができるかできないかはそれほど重要ではありません。なぜならライフジャケット（救命胴衣）を着けていれば、水に浮くことができるので泳げても泳げなくてもそう大きな違いはありません。

あってはならないことですが、たとえば沖で海に落水して、泳ぎに自信があるからといって陸に向かって泳いで体力を消耗して助からなかったというケースもあるくらいです。ですから泳げなくても、沖では泳げる人との大差はないのです。

ヨットにはキャビンのないタイプの一人乗り〜少人数で乗るセーリングディンギーと呼ばれるものと、キャビン付きのセーリングクルーザータイプの２種類あります。おのずとスクールでの教え方も違います。

ヨット・ボートに乗るキッカケ教えます!

スクールで学ぶ

ヨットはどうして風に向かって走れるのでしょうか? 実技の前に、まずは座学で先生から理論の基礎を教えてもらいます。といっても、一度分かれば簡単です。そして、実際に海に出るとさらに理解が深まります

セーリングディンギーを使用したスクール

セーリングディンギーの場合は手漕ぎボートにマストが付いていて、そこにセールが装着されているようなものなので、水面との距離が近く、小型のため艇体のバランスが不安定です。そのためにセールに風を受けると艇体が傾き、乗っている人間は艇上で体重移動をしたりしてバランスを保たなければなりません。突然の強風や波の状態によってはひっくり返ることもありますが、心配ご無用、セーリングディンギーが横倒しになることを「沈（チン）」と呼び、その状態から自分の操作で沈を起こすこともスクールで学びます。沈起こしに慣れることは、安全にもつながることになります。

セーリングディンギーのスクールでは、おおまかに次のような講習が行われているので参考にしてください。

どんなことを学ぶの？

午前中は学科（テキストやDVDを見ながらヨットが走る原理やロープの結び方などを学ぶ）、艤装（各部の名称を覚えながらマストにセールを着けたり艇体にラダーを付けたりする仕方を学ぶ）、海上レッスン（インストラクター同乗のうえ、直進の状態などを学ぶ）。昼食後は実際に自分がティラー（舵）を持ってさまざまな走り方を体験していきます。そして最後は艤装の解除と水洗いの後に片づけ、最終ミーティング。

もちろん海上レッスンのときには周囲にレスキューボートがいて、

セーリングディンギーは、砂浜やマリーナのスロープなどから手軽に海に出ることができます

沖に出ると、仲間のディンギーが周囲にいますから安心です

監視しており、危険な状況があればすぐにサポートしてくれるので安心です。

このような過程を経たうえで、段階的にステップアップしていくカリキュラムが組まれており、飛び飛びで通っても４日間もあれば一人で自由に海上を走れるようになります。

キーワード

ディンギーヨットスクール　検索

子供向けのヨットスクール

セーリングディンギーのヨットスクールは大人対象だけでなく、子供たちを対象としたジュニアヨットスクールも全国各地にあります。

欧米のヨット先進国のマリーナには必ずといってよいほど大人のヨットクラブの横にジュニアヨットクラブがあります。そして、その中からオリンピックでメダルを取るような選手が生まれます。歴史の浅いわが国でも、最近になってやっとジュニアヨットスクールの出身者が世界のトップクラスの選手として活躍するようになってきました。競技として道を究めるなら、ちびっ子セーラーのうちから目標をもって打ち込むこともできます。

ヨットで海の上を行く。まして一人乗りのディンギーに乗って走るのですから、自分の命は自分で守るしかありません。周囲の状況も判断しなければなりません。困っている仲間がいたら助けてあげ

みんなでディンギーを運ぶジュニアヨットスクールのメンバーたち

るのがシーマンシップの基本です。独立心や自己責任、協調性など、たくましい人間力を向上させるにもヨット教育は有効とされています。

ちびっ子セーラーの中から、やがてはオリンピックを目指したり、世界一周を夢見たりする子が自然なかたちで出現することでしょう。

キーワード

ジュニアヨットスクール　検索

子供のうちに、心は地球サイズ

ジュニア向けのクルーザーヨット教室もあります。僕たち、将来は世界一周を目指すんだ!

セーリングクルーザーのスクール

バブルがはじけた頃から中高年の男性が、セーリングクルーザーのヨットスクールを受講するケースが増え始めました。受講のきっかけを聞くと、多くは仕事の定年が見え始めたころに、ふと第二の人生を考えると何か自分の好きなことをやってみたいということでヨットを選んだという方が多いようです。

若いころに憧れた映画スターの石原裕次郎さんや加山雄三さんなどがヨットを持ち、さっそうと海の上を走っている姿。夢のまた夢でしたが、ひょっとしたらリタイア後に自分でもできるのではないかといろいろ調べていってヨットスクールに出会ったというケースです。

セーリーングクルーザーはキャビンがあり、ヨットの中で寝泊まりや炊事をすることができます。また、出入港などに使用する補助エンジンが付いていますので、ボート免許を取得する必要も生じます。

セーリングディンギーとは違う講習内容

スクールではヨットが走る原理を学ぶのは当然ですが、航海機器を駆使して海の上を航海するための航海術やクルージング先の泊地でヨットを係留する方法、天候の変化に対応して航海する技術を教えてもらいます。専用のテキストもあって座学もあり、いままでヨットにまったく乗ったことのない初心者でもていねいに教えてもらえます。

ヨット・ボートに乗るキッカケ教えます！

スクールで学ぶ

デッキの上では、風や波の強いときは大声を出さないと聞こえません。ときおり、先生から厳しいお言葉をいただきますが、それも安全のためです

実際にセーリングクルーザーに乗って、インストラクターと一緒に航海しますので実践的です。数時間だけの体験コースもあれば、本格的に港を巡って未知の泊地への出入港なども体得しながら学ぶ１週間コース、あるいはカナダのバンクーバーなど外国へ行って学ぶコースなどもあります。

そして、法的な義務付けはないのですが、クルーザースクールの中には国際的にも認められている認定証を交付するところもあります。日本で開催されている代表的なスクールとしては、アメリカのASA（American Sailing Association）公認の青木ヨットスクールや、カナダのISPA（International Sail & Power Association）

実際にセーリングクルーザーに乗って、アンカーの打ち方を教えてもらっているところ

公認のISPAヨットスクールなどがあります。後ほど解説しますが外国でヨットをチャーターするときに、こうしたスクールを受講した認定証をもっているとチャーターヨットをスムーズに借りることができたり、借りたヨットを自分で操船したりできるチャーター会社もあります。チャーターヨット会社の大手ともなると世界的にネットワークをもっており、地中海やカリブ海、タヒチなど憧れのエリアに数多くのチャーターヨットを配備しています。

キーワード

クルーザーヨットスクール　検索

定年後にスクールに通って学習、今はヨットオーナーという実例

私が書いたエッセー集「海からのメッセージ」（舵社刊）を図書館で借りて読み、「中高年でもヨットを始めることができる」ことを知って、ボート免許を取得して、ヨットスクールに通い、今では実際にヨットのオーナーとしてセーリングを楽しんでいるという方の実例をご紹介しましょう。

現在67歳の渥美耕義《のりよし》さんは、長年務めた会社を60歳で定年、第二の人生をどのように過ごすかを考えていたときに、中高年からでもヨットができることを知りました。

彼はすぐに私のところへ電話をかけてきました。

「とりあえずどのようにすればいいのでしょうか」というので、私はセーリングクルーザーのスクールに通って学ぶことを勧めました。そして、一週間のクルーザー教室に通い、次の段階へ移ることになりました。

それまでは横浜に住んでいたのですが、リタイア後は海の近くに住もうと熱海に引っ越すことになっているというので、私は知り合いの伊東に住むヨットオーナーの森純男《すみお》さんをご紹介しました。

するとわずかその数カ月後、伊東にあるマリーナの森さんの知り合いのヨットに乗せてもらい、遠州灘を越えて紀伊半島の突端にある安乗《あのり》港までのクルージングにクルーとして乗船したのです。当然、航海中はワッチ（当直）を組みます。長距離ですからオーバーナイトで走ります。渥美さんは夜の航海も経験しました。ワッチのときには舵を握らされ、操船にも貢献しました。

その経験で少し自信がつき、「私でもクルーザーで航海できそうだ。やはり自分のヨットがほしい」ということになり、クルーとして実践を学びながら中古のヨットを探していました。

すでにリタイアしてヨットを楽しんでいるベテランの森さんに相談すると、いくつか目ぼしい中古ヨットがあったので一緒に見に行ってくれました。そして入手したのが26フィートのエンジン付きのセーリングクルーザーでした。購入価格は140万円。船内には4人ほど横になれるバース（ベッド）と小さなギャレー（台所）、そしてヘッド（トイレ）が設置されていました。もちろんセールもワンセット付いています。正真正銘のあこがれのキャビン付きセーリングクルーザーです。

これだけの機能が整っているキャンピングカーを中古でこの値で探しても、そうそうありませんが、セーリングクルーザーならそこそこのものが入手できるのです。しかも渥美さんが手に入れたヨットは沼津の重《おも》須《す》にあるハーバーの係留権付きでした。熱海にも近いためすぐに購入、年間の係留料は31万円。いまでは悠々自適のヨットライフを楽しんでいます。

ヨットの名前は〈@Key chan〉。奥様キヨコさんのニックネーム、キーちゃんと命名したのですが、残念ながら奥様は船酔いするのであまりヨットに乗ってくれないそうです。人生、なかなかうまくいかないものですね。しかし渥美さんはくじけずに次のヨットのことも考えています。今のヨットに何年か乗っているうちにもっと大きなヨットが欲しくなったのです。次は30フィートぐらいにしようかなと夢

自分で操船できるようになると、自由に海の上を走る喜びがわいてきます

仲間や家族と、日本全国どこへでも、さまざまな港、風景、人々と出会うことができます

見ているそうです。

このように、ほんのひょんなキッカケでヨットの操船を学び、オーナーになり、つつましいヨットライフを謳歌することもできるのです。

エンジン付きのボートに乗るなら、まずはボート免許スクール

別項でも述べますが、平成14年に規制緩和があり3メートル未満の長さのボートで2馬力以下の船外機であれば、ボート免許を取得していなくても操船することができるようになりました。しかも、そのサイズのボートはクルマでいうところの車検にあたる船検（定期的な船舶検査）が不要となったのです。

このサイズのボートはエンジン付きでも低価格のパッケージボートが売られているため、陸っぱりの釣り人がこぞってマイボートを購入。いまでも年間に5千艇ほどが売れています。

しかし、対象となるサイズ以外のボートでエンジン付きのものは、すべてボート免許を取得していないと操船することはできません。

ボート免許の取得方法

ボート免許は操縦するボートの種類によって1級（20トンまたは24メートル未満で世界中どこでも行ける）、2級（海岸から5マイル以内＝約9キロメートル、大きさ＝1級と同じ）、2級湖川（湖や川で操船可、5トン未満、エンジン出力は15キロワット未満）、特殊小型（水上オートバイ＝パーソナルウォータークラフト専用）の4種

ボート免許教室の座学では、ロープの結び方の基本も学びます

類に分けることができます。

免許を取得するためには、学科試験、実技試験、身体検査に合格しなくてはなりません。そのうち学科試験と実技試験のために、ボートを操船するための知識や操船方法を習得しなければ試験に受かりません。その受験勉強方法には下記のような方法があります。

(1) 登録小型船舶教習所コース

国土交通省に登録されている小型船舶教習所に入校して、免許取得を目指すコースです。このコースの利点は、教習所のカリキュ

船内に乗り込み、いよいよ操船実習の始まりです

ラムを履修し、修了試験に合格すると身体検査を除く国家試験が免除されます。教習から試験まで一貫して受けることができるので、利便性がもっとも優れています。

(2) ボートスクールコース

民間の免許スクールの講習を受講し、国家試験を受験するコースです。 免許スクールは、試験合格に向けて独自のカリキュラムを策定して講習を行っています。従って、講習日程や料金はさまざまですが、料金は、（1）「登録小型船舶教習所」コースより安価に設定されています。

教官と一緒に海へ出ます。クルマと違ってボートは風や波の影響を受けやすいので、はやく慣れるようにしましょう

(3) 独学勉強コース

免許スクールや登録小型船舶教習所に通うことなく独学で勉強し、国家試験を受験するコースです。学科については独学でも勉強可能ですが、実技は、ボートや講師を準備する必要があることから、独学による受験を目指す方も、実技だけは免許スクールで受講する方法を選ぶ方が多いようです。

免許取得費用の総額の目安は１級で９～15万円、２級で6.5～12万円。金額に幅があるのは独学か教習かの差です。また、合格率は２級で９割～9.5割。それほど難関ではないことがお分かりだと思います。

キーワード

www.jmra.or.jp/ 検索

ボート免許教室のリストなどが掲載されている海洋レジャー安全・振興協会の公式アドレス

ボート免許 検索

ヨット・ボートに乗るキッカケ10ポイント

POINT 3

借りて乗る

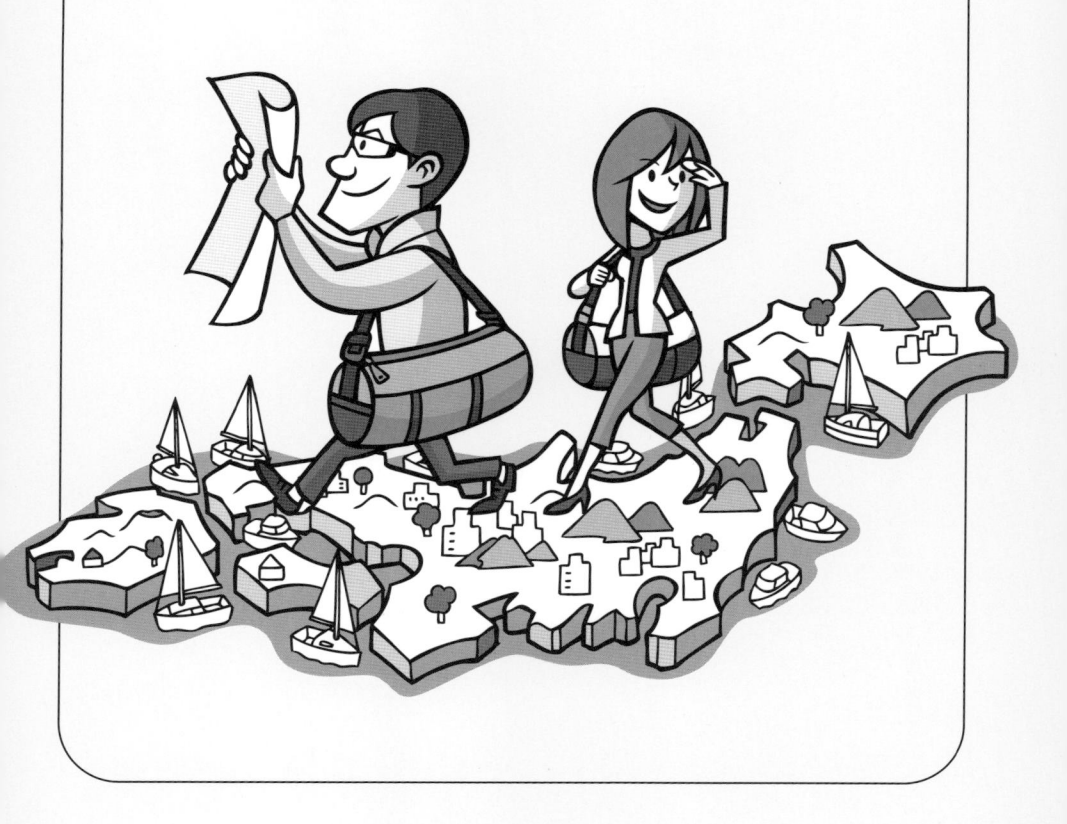

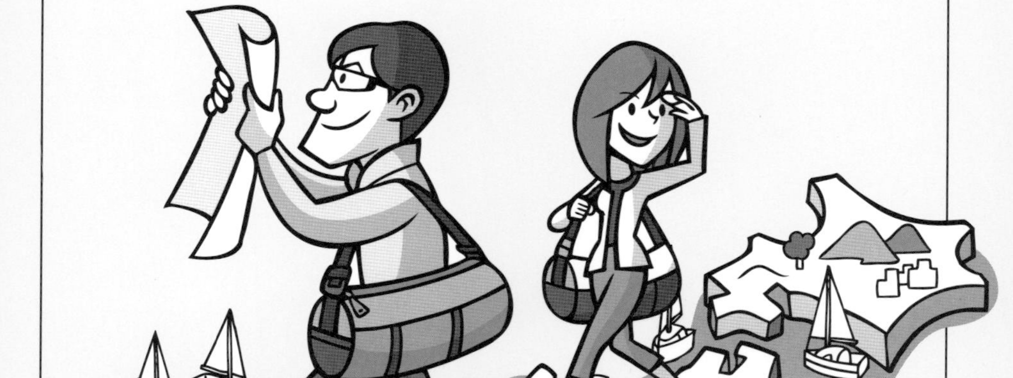

150
YAMAHA

YAMAHA

レンタカー感覚でボートを借りて乗る

全国的に大規模な会員制レンタルボートシステムを構築しているヤマハマリンクラブ「シースタイル」の会員になれば、全国の提携しているマリーナで21フィートから25フィートまでのクラブ艇の中から自分で選んだボートを借りることができます。マイボート感覚でレンタルボートを操船できるシステムです。

実際に普通にボートを購入した場合、ボートそのものの購入代金だけでなく、マリーナに置く保管料を支払い、保険料、船舶検査料、整備費などの維持費を支払って乗ることになります。それで年間に何回ぐらい乗ることになるのでしょうか。乗艇する回数が少ないと1回あたりの単価が高額になることになります。こうした経済効率と整備や船検にかかる手間や費用などを考えると、このシースタイルはとても安くボートに乗ることができるシステムといえます。まさしくクルマのレンタカー感覚で気軽にボート遊びができるということです。

個人会員の入会金は21,000円、それに月会費3,150円さえ支払えば3時間4,000円からボートを借りることができます。しかも会員になると提携している全国の約140カ所のマリーナで利用できるため、旅行先や出張時に行った先で未知の海を航海したり、ボートフィッシングを楽しむことができます。

当然、入会には条件が必要ですが、満18歳以上でボート免許2級（水上バイクは特殊小型）の資格を持っていれば誰でも入会でき

YAMAHA

ちょとそこまで、
海をドライブ

ます。

現在、会員は全国で約1.5万人おり、会員向けの会報や会員同士のネットワークなどもあって、さまざまな情報交換も行われています。提携マリーナとの連動でイベント情報も得ることができ、それぞれのマリーナの地域特性を生かしたクルージングマップや釣り情報なども入手できます。

最近では女性会員も増えてきているため、シースタイルG（ガールの略）という任意の女子会プロジェクトも出現して、ますます盛会になりつつあります。

安全面を考慮して、実際にレンタルする時にはそのマリーナにおいてボートの特徴や周辺海域の注意点などレクチャーも受けることになります。事務局では、主だったマリーナを基点として季節に合わせたお花見コースや運河クルーズコースのガイドブックを用意しているので、初めてレンタルするボートが置かれているマリーナでも、安心してその周辺のクルージングスポットやフィッシングポイントを堪能することができます。

また、このシースタイルでは飽き足らずに、マイボートを購入したくなった会員には、ヤマハ製のボートを購入すると入会金と最大で24カ月分の月会費を総額96,600円（水上バイクの場合は入会金+12カ月分58,800円）をキックバックしてくれる特典が用意されているのもうれしいことです。

つまりボート免許は取得したものの、実践でボートを操船したことがないペーパードライバーや、クラブ艇の中に購入を検討しているボートと同じ艇種があれば、そのボートの操船具合などをチェッ

シースタイルは水上バイク「ヤマハマリンジェット」もレンタルできます

クすることもできることになります。あらかじめヤマハボートの購入を計画している人にも利用価値の高いシステムです。

キーワード

シースタイル　検索

マリーナでレンタルして馴染《なじ》みになる

前述のシースタイルとは別に、マリーナが独自にレンタルボートを用意しているケースも数多くあります。つまり、前項のシースタイルの場合はレンタルできるクラブ艇はヤマハ製のボートだけですが、ヤマハ以外のボートが用意されていたり、シースタイルはボートだけですがマリーナによってはレンタル艇の中にヨットがあったりす

友だちを誘って、レンタルボートで気軽にボートフィッシング

るのでそれだけ選択肢は増えます。

中には会員制にしているところもありますが、どちらかというと会員制マリンクラブ的なものが多いので、次の項目キッカケその４で説明することにします。

あくまでもマリーナはボートやヨットの保管業務が主ですから、多くはレンタルしたいお客から依頼があった時にはいつでも対応できるようにしているところがほとんどです。

ヤマハ以外のボートに乗ってみたい人や、セーリングクルーザーなどのヨットをレンタルしたい人にはオススメです。もちろんセーリングディンギーを貸してくれるところもあります。

自宅からの交通の便などを考えて通いやすいマリーナを選んで、借りるならそこのレンタルボートを借りると決めて通うのもひとつの方法です。

なんといってもマリーナのスタッフと顔なじみになることができます。そうすることによって、より濃密な釣り場情報を得ることもできるでしょうし、さまざまなイベント情報も耳に入ります。そして、いざマイボート購入ともなればスタッフは親身になってアドバイスをしてくれるはずです。

いずれにせよレンタルボートを借りて操船するには、ボート免許が必要となります。

キーワード

レンタルボート　検索

国内でチャーターヨット
(海外はP165参照)

チャーターヨットといえば、これまでは海外で楽しむ傾向が強かったのですが、最近は国内でも初心者にも乗船しやすいチャーターヨットが運航されはじめました。

チャーターヨットには、ヨットを借りて自分で操船するタイプもありますが、操船はプロにまかせて利用客は客船と同様に、ヨットの中の部屋に寝泊まりしながら、食事もきちんとクルーが用意してくれるタイプのチャーターヨットもあります。

このタイプのチャーターなら、まったくの初心者でも船客としてヨットライフを楽しむことができるのです。

日本でチャーターヨットが普及しなかった要因に、日本沿岸の天候が急変しやすいことがありました。せっかく予約してヨットが置

瀬戸内海を、ヨットで散策

瀬戸大橋の下をのんびりとセーリング。カタマラン（双胴船）ヨットだから風を受けても傾かないので、船に弱い人でも安心です

食事はスタッフが作ってくれます。 潮風がそよぐヨットの上で食べるランチは格別です

クルーは誰にでも親切にヨットの楽しさを教えてくれます

いてある場所まで陸路を行ったとしても、天候が急変して海に出られないということがあるからです。最近では比較的温暖な気候で、海が外洋に面していない瀬戸内海や、季節を選べば安定した南洋の海を航海できる沖縄などでチャーターヨットを運航する会社が出てきました。

しかも二つの船体を並列につなげたカタマラン（双胴船）タイプのヨットの登場で、エンジンで走っているときも、風でセーリングしているときも傾かないために、船酔いが心配な人でも比較的楽に航海が楽しめるということで人気がでてきています。

チャーター料金はまとめた数字だけを見ると高額にみえますが、移動手段はセーリングですから交通費はかかりません。しかも寝泊まりはヨットの中なので宿泊費も含まれています。そして定員が５人であれば、その総額を仲間や家族で割れば、決してぜいたくな旅ではないと思います。利用客が行きたい場所へ、ある程度は自由に航海できるのです。

慣れていない方はあまり堅苦しく考えないで、初めは遊覧船気分で１～２時間のクルージングを楽しむぐらいから始めるといいのではないでしょうか。

慣れてきたら１デイコース、さらには１泊２日と徐々に時間や距離を延ばしていくことによって、自然と身体もヨットのキャビン生活に慣れていきます。

キーワード

チャーターヨット　瀬戸内海　　検索

高級チャータークルーザー

大型の高級クルーザーをチャーターできることを、あまり知らない方も多いと思いますが、国内にもけっこうあるものです。

東京湾大華火祭とか、横浜の花火大会とかになると屋形船ではなくプレジャーボートタイプのクルーザーがけっこう集まってきますね。多くは個人オーナーが仲間や家族を乗せてやってくるのですが、乗り合いや貸切りで豪華クルーザーに乗ってくる人たちもけっこう多いのです。

「あれは高根の花」とあきらめてはなりません。確かに有名な花火大会ともなるとチャーター料は値上がりしますが、普段船上パー

横浜ベイブリッジの下を走る高級クルーザー〈プリマヴェーラ〉

80フィートの大型クルーザー。船内は5～6の部屋に分かれています

大型の高級クルーザーともなると、船上パーティーもゆったりと味わえます

ティーなどに利用するなら人数割りすれば１人７千円ぐらいから利用することができるのです。中には食事や飲み物セットで比較的安い料金で運航しているクルーザーもあります。仲間を集めてナイトクルーズを兼ねて船上パーティーなんて、素敵じゃないですか。

　お金に余裕がある人なら、仲間と一緒に豪華クルーザーを貸し切って、たとえば横浜を出港して式根島あたりへ１泊２日のクルージングというのも優雅なものです。航海の途中でフィッシングにチャレンジしたり、島へ着いたら小さな入り江にクルーザーを沖留めして、海水浴やダイビングを楽しんで、停泊する港では星空を見ながら船上パーティー。夢のまた夢のような世界を実現することもできるのです。

キーワード

高級　チャータークルーザー　検索

POINT 4

クラブに入会する

会員制マリンクラブとは

四方を海に囲まれているとはいえ、わが国においてはプレジャーボーティングはまだまだマイナーな遊びと言わざるを得ません。日常生活は豊かになったといえども、ボートやヨットを購入して、維持していくだけの経済的ゆとりを持つ人は少ないのが現状です。その一方で、小さなボートでもいいからマイボートで釣りやクルージングを楽しみたいという層はいます。

そこで、ボートを仲間で共同購入し、維持費を割り勘にして経済的負担を少なくしようという共同オーナーシステムをとる人たちが現れました。とはいうものの、そうした仲間を集めるのは簡単にはいかない、また、仲間といえども考え方や遊び方の違いで、さまざまなトラブルも発生することもあります。ということで出現したのが、会員制マリンクラブというシステムです。

会員になれば、いつでも整備されたボートに乗ることができます。もちろん保険にも加入しているので、いざというときも安心。クラブによっては、操船に不慣れな会員にはクルーも乗船してもらえます。会費さえ支払っていれば係留料やボートの維持管理の手間も不要というシステムです。

いまの日本人は、欧米のように数週間単位で休みをとることはできません。夏休みといっても多くても一週間ぐらいが普通でしょう。そのうちのボートに乗れるのは２～３日。また、普段でもひと月に１回か２回、週末の１日をボーティングにあてるという程度がほと

（上）逗子マリーナは会員制マリンクラブ「リビエラマリンクラブ」のベースのひとつです
（下）シーボニアマリーナにある同クラブのクラブハウスとシーサイドプール

んどです。そのために、盆休みや連休は別として、会員同士が同じ日に集中することはあまりありません。とても日本的な発想の会員制システムといえます。

クラブによってはボート免許の取得のサポートをしてくれるところもあります。初心者でも安心してボーティングの世界へ足を踏み入れることができるところがマリンクラブの利点でもあります。

レンタルクラブとの違いはあるのでしょうか?

前項でご紹介したヤマハのレンタルボートシステム「シースタイル」も同じようなシステムではありますが、会員制マリンクラブはレンタカーのように単にボートを借りて、使用料を払って返すだけのクラブではありません。

クラブによってサービスや施設の幅は違いますが、いわゆる豊かなクラブライフを楽しむことができるのです。

会員用のクラブハウスがあり、クラブハウスの中には会員用のサロンやシャワールームなどボーティングの前後にくつろげる施設があります。また、会員同士のコミュニケーションをはかるための合同クルージングや釣り大会などが開催されたり、忘年会など各種パーティーも催され、クラブライフを楽しむことができます。

普通にボートを購入して、マリーナに係留したあとに入会するボートクラブやヨットクラブのような、マイボートのオーナーならではの海の仲間としての交流を楽しむことができるのです。

操船が苦手な会員にはプロのクルーが操船してくれるので、ゲストを招いても安心です

そのうえでいつもボートは整備された状態で乗ることができ、係留料や保険、維持費なども会費の中に含まれているのです。初心者向けには段階的にボートの操船を学べるカリキュラムが用意されているクラブもあります。操船に不慣れな会員にはプロのクルーに乗船してもらうこともできます。経験豊かなクルーは、操船だけではなくクルージングのプレイスポットへ案内してくれたり、釣りのポイント、仕掛けなどボーティングの魅力へ導いてくれます。もちろんボート免許取得をサポートしてくれるクラブもあります。

このように初めての人でもボート免許の取得から、ボート操船のステップアップ、各種イベントへの参加などを段階的に進むことができ、いずれはマイボートのオーナー感覚でクラブライフを楽しめるシステムが会員制マリンクラブです。

老舗マリンクラブの実例

東京の江戸川区にあるニューポートマリンクラブは、まだわが国にマリンクラブという概念がない時代から、いち早く会員制マリンクラブシステムを構築したパイオニアといってもよいクラブなので、その実例をご紹介することにしましょう。

クラブハウスは都心からクルマで20分ほどの旧江戸川に面しており、専用桟橋から乗船して、ボートで10分も川を下れば浦安のディズニーランド沖の海へ出ることができます。

クラブ艇は21フィートから53フィートまで24艇あり、マリンプ

ヨット・ボートに乗るキッカケ教えます!

クラブに入会する ④

都心から近い旧江戸川沿いにあるニューポートマリンクラブのサロン

海の上に
道はありません
行き先を、
自由に
選べるのです

KMCマリンクラブのサロン

レイの目的に応じて選ぶことができます。乗船できるボートのサイズと航海できるエリアの遠近によって、３段階の期間限定会員システムがあります。

ファースト会員は入会金21万円と保証金５万円（退会時に返金）、月会費5,250円で21フィートから26フィートまでのクラブ艇（出艇手数料10,500円〜）に乗ることができ、航行区域は東京から富津岬〜八景島シーパラダイスまでとなっています。その他、シーガル会員、グランド会員と会費は高くなりますが、乗ることのできるボートのサイズが大きくなり、航行区域も広くなっていきます。

ボート免許教室も開催しており、会員になると操船を学べる「マリン楽習システム」を利用することもできます。釣り情報など会員向けの情報も発信しており、各種イベントも開催しています。

クラブハウス内にはシャワールームやサロン、レストランなどもあり、充実したマリンクラブライフを楽しむことができます。初めての方を対象とした無料体験乗船会も頻繁に開催されています。

同じような都市型の会員制マリンクラブとして、横浜の大黒運河沿いにあるKMC横浜マリーナをベースにするリザーブド・クルーズ・ヨットクラブがあります。こちらはスマートメンバー、コーポレートメンバー、ハンドレッドメンバーの３つのメンバー制になっており、30フィートのボートを中心にしたクラブ艇が多彩に用意されています。

特筆すべきはこのうちスマートメンバーというカテゴリーで、初めてボートを始める方のために入会から１年間の限定会員制度があり、入会金なしで年会費125,000円だけでボートを利用することができます。しかも特典として年間５万円（１万×５回分）の利用券を受け取ることができます。言うなれば１年限定の会員体験コースのようなもので、初心者には利用価値があるシステムです。

もうひとつお得なメンバーとしては平日メンバーというのが用意されている点です。ハンドレッドメンバーの個人平日会員ですと、入会金が84万円（保証金30万円、年会費12.6万円）で会員になれます。全日会員の入会金は126万円（保証金40万円、年会費18.9万円）ですからその差はけっこう大きくなります。サービスに差はなく、休みが平日の人にとってはお得なシステムです。

このマリンクラブもボート免許スクールを開催しており、また、プロのクルーもいるので、初心者でも安心してボーティングの楽しさを一から学ぶことができます。

キーワード

ニューポートマリンクラブ	検索
KMC横浜マリンクラブ	検索

大型艇を中心に夢を実現する高級会員制マリンクラブ

数あるマリンクラブの中でも、クラブ艇として大型のモータークルーザーやセーリングクルーザーを所有して、クラブハウスだけでなくスポーツクラブやレストラン、メンバー専用のプールやコンドミニアムなどを完備した高級な会員制マリンクラブがあるのでご紹介しておきましょう。

ヨット・ボートのメッカ、湘南の歴史ある逗子マリーナとシーボニアマリーナをベースとするリビエラマリンクラブ。クラブ艇は下は21フィートから上は44フィートまでの大型艇16艇が用意されています。

このクラブの魅力はまずベースとなるマリーナが、およそ40年の歴史を誇る名門マリーナであること。ヨット・ボート界の日本の代表的オーナー紳士たちが、湘南というプレジャーボーティングにふさわしいロケーションで数々のレースシーンや、クルージング、ボートフィッシングを楽しんできた歴史が刻まれているマリーナで、そのオーナーたちと同等にクラブライフを楽しむことができるのです。また、伊豆半島の下田にある下田ボートサービスも施設の一環として配備されており、伊豆諸島をはじめとする広域なクルージングのベースとして利用できます。

逗子マリーナにはレストランやテニスコート、宿泊施設としてコンドミニアム、シーボニアマリーナにはシーサイドプールやクラブハウスも用意され、アフタークルーズも存分に楽しめる施設を備える高

ヨット・ボートに乗るキッカケ教えます!

クラブに入会する ④

リビエラマリンクラブのクラブ艇の一例。 大型カタマランヨットも用意されています

級マリンクラブとなっています。

入会するには個人の正会員で入会金787.5万円、年会費52.5万円から。数千万円のボートやヨットを購入して、年間数百万円の維持費などを支払うことを考慮すれば納得のいく費用といえるでしょう。

このぐらいのマリンクラブになると、メンバーが行きたい島の入り江で星空を眺めながらワインでも飲みたいと望めば、本人は乗船しないままクルーがクルーザーをその場所へ移動してくれて、メンバーはその場所へ直接行ってそのシチュエーションだけを満喫することもできるのです。

キーワード

リビエラマリンクラブ　検索

その他のクラブ

ボート・ヨットを所有していなくても入会して乗船できるクラブはその他にもいくつかあります。

たとえば神奈川県の江の島にある小田急ヨットクラブのようにキャビンのない小型のヨット、セーリングディンギーを中心としたクラブでは、「江の島デイクルーズ」というシステムがあり、1日2名単位で3グループが集まれば1名12,600円で午前中はヨットに乗り、午後は1ドリンク付きバーベキューを堪能できるコースがあります。初めての人でもプロのインストラクターが同乗してくれる

セーリングディンギーをクラブ艇とするマリンクラブもあります

ので安心です。

　このコースを体験してヨットをもっとやってみたいと思う人には、スクールが用意されています。スクールを終えるとアドバンス会員として入会金157,500円、月会費10,500円で会員になることができ、クラブ艇に乗艇券12,000円（5枚綴り）で乗ることができます。5枚ですから1回あたり2,400円でヨットに乗ることができるのです。もちろんラウンジやシャワールームを備えたクラブハウスでくつろぐこともできます。

　滋賀県の琵琶湖にあるマリーナクラブ「リブレ」では、アクタスという初心者でも操船しやすいヨット（セーリングディンギー）に3時間1,500円で乗ることのできるレンタルメンバー制度があります。こちらは入会金が52,500円、年会費は25,200円となっています。

　こうしたクラブはけっこうあり、積極的に宣伝していないところも

（左）メンバー同士の交流パーティーもあります（小田急ヨットクラブ）
（右）琵琶湖に面したマリーナクラブ、リブレ。この写真の左手前にスロープがあり、気軽に湖へ出ることができます

あるので、自分が住んでいる場所から通いやすいマリーナなどをパソコンで検索して問い合わせてみてください。マリーナによっては、ヨットやボートを所有していなくても会員制のメンバーシップを採用して、オーナー艇に乗船できるシステムを運用しているところもあります。

また、社員数の多い大手企業などではヨットを趣味とする社員たちで活動しているヨットクラブや、ボートフィッシングクラブなどもあります。こうしたクラブは会社からの補助金などが出ているケースもあり、同じ社員同士という仲間意識もあって比較的安い費用で和気あいあいとヨットやボートを楽しんでいますので、乗りたい方は気軽に相談してみることをお勧めします。

キーワード

小田急ヨットクラブ　検索

マリーナクラブリブレ　検索

ヨット・ボートに乗る キッカケ10ポイント

5

買って乗る

マイボートを購入する良さは、いつでもどこへでも、自分の思いのままにボート遊びができるということです。早朝に自分だけの釣りのポイントへ行くこともできます。夕陽を見るだけのためにボートを出すこともできます

なんといっても船のオーナー、自由が得られます

レンタルしたり、クラブ艇に乗ることもできますが、やはり自分の意のままに手入れした船を、自由にあやつれる喜びはボーティングやヨッティングの最上の魅力です。好きなときに愛艇へ行き、キャビンの中でくつろぐこともできるし、好きなときに海へ出て、自由に航海することができます。セーリングクルーザーなら、世界一周だって夢ではないのです。

しかし、ボートやヨットの価格はピンキリです。それこそ数万円で買えるゴムボートから数十億円のメガヨットまであります（44頁イラスト参照）。ここでは数千万円以上かかるものは避けて、現在の日本で最も層の厚いスタンダードなボートやヨット、そしてそれよりも小さな、比較的安価で入手できるサイズのボートの購入について説明していくことにします。

仲間を募って共同オーナーで格安入手

全国にはヨット・ボートを購入するのに、仲間を募ってお金を出資し合い、共同で購入して楽しんでいる人たちが数多くいます。つまり、購入代金、維持費の割り勘です。

あるサラリーマングループは、学生時代ヨット部に所属していた先輩や後輩10人で30フィートのセーリングクルーザーを購入。

維持費もすべて割り勘で運営しています。メンバーは決してお金持ちのお坊ちゃまでもなく、会社役員でもないごく普通の会社のごく普通のサラリーマンです。

　分かりやすくするためにたとえば1,000万円の新艇ヨットを購入するとします。10人で割ると1人100万円ですから、軽自動車の購入資金程度でクルーザー型ヨットの共同オーナーの1人になることができるのです。そして係留料や保険代などの維持費も月割りで割り勘。1人月に2万円を徴収すれば20万円になります。この範囲で維持できるマリーナを探して係留するのです。

10人程度でもそうそう乗る日は重ならないというか、むしろ操船に手慣れた共同オーナー仲間同士数人で操船するほうがスムーズなため、お互いに協力し合って乗船日を決めています。それぞれが気軽に家族や友人を招いてデイクルージングをしたり、夏休みには交代でヨットに乗り継ぎながら１週間程度の長距離クルージングを楽しんでいます。

10年ぐらい乗っているとヨットも劣化してきますので、早めに計画を立てて売値があまり下がらないうちに下取りに出して、再び新艇を購入して、すでに３艇目というような仲良し共同オーナーグループは、全国に数多くいます。

購入価格８万円、維持費月額３千円で 20フィートボートの共同オーナーになった実例

かくいう私も中古の20フィートのエンジン付きボートを、６人で共同購入してボート遊びを共有していたことがあります。

その費用は購入価格が中古艇のために格安で50万円。６人で割って１人８万円強。係留料は公営の河川マリーナで月額１万８千円。こちらも６人で割って１人３千円という極めて安価なボートライフとなりました。

このくらいの費用ならサラリーマンでも捻出できる金額です。あとは当日の燃料代ですが、１日数時間遊んだとしてもガソリン代が８千円。乗船者で頭割りをするとそんなに負担になりません。

コンビニで弁当を買って友人２人を誘い、運河沿いにゆっくりと

航行してお台場でのんびりしたり、浦安のディズニーランド沖で日光浴をして楽しんだものです。釣りが好きな友人と出かけて、日がな一日釣り三昧のときもありました。小さいながらもキャビンが付いていました。私は若い頃からセーリングクルーザーのクルーをしていたので、小さくてもキャビンのあるボートはうれしかったものです。

取り立てて豪華なボートではありませんが、共同オーナーとはいえマイボートを取得する喜びは大きいものです。数年すると仲間の家庭事情が変わったりして共同オーナーは解散しましたが、存分にボーティングの醍醐味を味わうことができました。

中古ボートで安上がりにボート・ヨットを楽しむ

前項でご紹介したとおり、中古艇を共同で購入する方法は「買って乗る」には最も安上がりな方法といえます。

情報としてはヨット・ボートの専門誌「KAZI」や「ボート倶楽部」（いずれも月刊・舵社発行）に、中古艇販売業者の広告がたくさん掲載されているので参考になります。そして、いまはネット検索でも中古艇の情報が大量に閲覧できますので、自分の予算にあったものを探すことができます。

仮に、ネットで「50万円以下」で検索するとけっこうな数のボートやヨットが掲示されています。もちろん建造されてから年数が経過しているために劣化していますが、入手してご自身でコツコツと整

備してピカピカに磨いて乗艇している人たちもたくさんいます。

本誌の「スクールで学ぶ」の項でご紹介した渥美さんの場合も、最初から中古ヨットに狙いを定めた結果、探し当てたセーリングクルーザーは26フィート、価格は140万円でした。

中古艇といえどもほとんどは最低限のエンジン、セーリングのためのセールなどが設置された状態で売られています。寝泊りできるバース(ベッド)やヘッド(トイレ)、小さいながらもギャレー(台所)が付いて140万円という金額は、クルマでいうところのキャンピングカーなどと比べると、とても安いことがお分かりいただけると思います。

また、小型ボートやセーリングディンギーも市場に出回っており、

中古ボートの検索サイトの一例

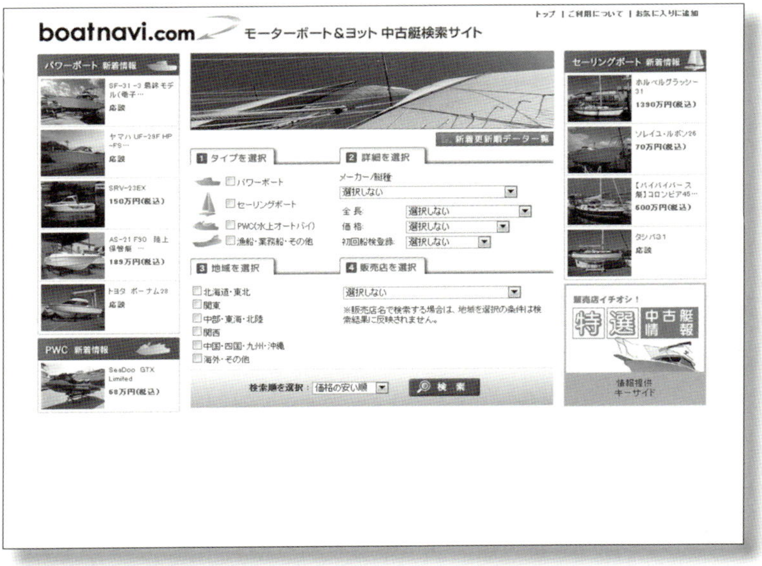

数万円から数十万円で売られていますので、小さなボートで釣りをやりたい人やディンギーをスポーツ感覚で乗りこなしたい方も、新艇にこだわらないのであれば探す価値ありです。

キーワード

中古ボート　検索

ボートやヨットの保管場所はどんなところに置けばいいの？

ボートの保管場所を選ぶときに考えるべきポイントは大まかに、1.費用、2.アクセス、3.サービス、4.環境、の四つに分けることができます。そしてこれらの要素が互いに相関関係をもっていることを考慮しながら、自分のボートの大きさや遊び方、無理なく拠出できる維持費などをインプットしたうえで総合的に判断するべきです。

ボートの保管料（係留料）はクルマの駐車場と同様に、大都市のマリーナは高額で、地方へ行けば行くほど安くなります。つまり、費用とアクセスは密接な関係があるのです。その点だけでいうと、都会に住んでいる人より地方に住んでいる人のほうが、比較的安くボートを保管できるということになります。

保管料は毎月、あるいは毎年一定の金額がかかりますが、それ以外の維持費も考慮して無理のない範囲にしたほうがいいのは言うまでもありません。初めてボートを購入して操船するのであれば、ボート免許の取得費用がかかります。そのほか船舶検査など法的に必要な経費、故障したときの修理費、定期的な点検や整備費、マ

Ariel
バルバロッサ Ⅱ

長崎県、五島列島の宇久島にある「フィッシャリーナ宇久」

伊豆半島東海岸、伊東にある「伊東サンライズマリーナ」

リーナまでの交通費、ボート自体の燃料費、またヨットクラブやボートフィッシングクラブなどの会員になるのならその会費、競技会の参加費など想像以上に間接経費はかかるものです。保管費用以外にかかるこのような経費も充分に考慮したうえで、自分に合った保管料のマリーナを選ぶべきです。

東京や大阪在住のオーナーのなかには、飛行機で移動して地方のマリーナをベースに遊ぶという方法を実践しているオーナーもいます。大都市近郊で高額な係留料を払うつもりで、地方の安いマリーナに自艇を置き、その差額で航空運賃を浮かせるという考え方です。

ジェットで行って現地のマリーナに滞在するにしても、周囲をクルージングするにしても、環境という意味でいえば都市部の環境と比べると格段の差があるのは当然です。このように自宅からマリーナまでの距離と環境もまた、相関関係にあるのが分かります。

マリーナでどのようなサービスを得られるのかというと、これも保管料との関わりが強くなります。マリーナスタッフによるきめ細やかなサービスのほか、オーナー艇のメンテナンス、出入港の管理、救助態勢の充実度、昼夜の見回りの有無も含めた安全面でのサービス度、などがチェック項目となります。

当然のことですが、駐車場もなく、管理人もいない駐艇場のような保管施設はボートパークとも呼ばれ、保管料は安いのですが前述のようなサービスを求めることはできなません。こうした保管施設は置く側もそのことを理解しており、その分保管料が安いというメリットがあります。

　自分はボートで釣りだけができればよくて、ボートを置く場所があって保管料が安価であればサービスもなにもいらない、ということであればそのような場所を選べばいいのです。ある程度の施設がほしいということであれば公共のマリーナもあります。

　一方、クラブハウスがあり、中にはメンバーがくつろげるサロンやレストラン、シャワールームやロッカーがあり、桟橋へのアクセスにはオートロックのゲートを通るシステムが採用されるなど保安態勢も整っているようなマリーナライフを求めるなら、それなりのマリーナもあります。

　分かりやすく言うなら、宿泊施設をイメージしてみてください。公共の宿はそれなりに、民宿は民宿なりに、高級ホテルや豪華なリゾートホテルは徹底したサービスを……その利用料金によって、経済的なものから贅沢と言われるものまでその宿の格付けで分かれているのと同じです。マリーナも、公共のものもあれば、サービス

の行き届いた民間高級マリーナもあるのです。考慮しなければならないさまざまな枝葉はあるとしても、マイボートのサイズ、自分の遊び方、自宅からの距離（交通手段）、無理なく支払える予算、自分がマリーナに求めるレベルなど、あくまでも「自分に合った」を念頭に総合的に判断するべきでしょう。

では、保管（係留）料って どのくらいかかるのでしょう?

年間の保管料は、当然ボートの大きさによって違います。ボートを桟橋に横付けして保管する海上係留と、クレーンなどで陸に上げて保管する陸置き保管でも料金は異なります。また、施設の充実度やサービスの度合いなどによっても違います。自分の住んでいる場所から交通の便を考えて、めぼしいマリーナへ保管予定のサイズを伝えて問い合わせるか、ネットで検索することをお勧めしますが、ここでは20フィートのボートを目安に、大まかな保管料をお伝えすることにしましょう。

ほんとうにざっとですが、前述した通り駐艇場的な簡易係留施設（ボートパークと呼ぶところもあります）であれば、地方へいくとそれこそ年間8～10万円であります。中には5～6万円というところもあるようです。

一般的なマリーナの場合は1フィートあたり1万円。つまり20フィートですと年間20万円ぐらいが標準と言われています。バブル絶頂期のころは全国的にマリーナ不足とされていた時代で、大都市に近い高級マリーナは係留権を獲得するだけで相当な金額を支払わなければボートを置けませんでした。いまはそうでもなく比較的どこのマリーナでも空きバース(保管場所)があるようです。それでも大都市に近い高級マリーナともなると年間100万円は超え、大型ボートを係留するとなると数百万円かかってしまいます。

スクールの項でご紹介した方は26フィートのヨットを、静岡県の重《おも》須《す》ヨットハーバーに年間31万円で係留しているとのことですから、このあたりが一般的と言っていいでしょう。ちなみに私が共同オーナーで係留していたマリーナは公営のため比較的安く、月に1.8万円、年間で21.6万円でした。

新艇を普通に購入するのはボート遊びの王道

ボートでもヨットでも、購入するなら新艇と思うのが普通です。クルマでも同じですが、やはり新品はいいものです。最新の技術が投入されていて、デザインも最新、キャビンの中もピカピカです。やはり新艇を手に入れるのはボート遊びの王道といえます。

長年ボートやヨットを楽しんでおられる方々の中には、新艇を購入してある程度経過すると、その艇を下取りにして次の艇を購入します。それを繰り返して、徐々にサイズを大きくしていって、すでに5艇めとか7艇めとかいうオーナーさんが数多くいます。最初は20フィートでしたが、今は7艇目で50フィートのセーリングクルーザーのオーナーという知人がいますが、そろそろ海外クルージ

ングに出ようと思っているとのことです。一生の間に徐々にマイボートを大きくしていくことの達成感は素晴らしいものでしょう。

というように長年、ボートを買い換えていくのですからボートメーカーやディーラーの営業マンとのお付き合いも大切です。中には自分のボートを買い換えるならあそこ、と決めて営業マンと一生のお付き合いをしているオーナーもいます。営業マンも人の子ですから、やはりいいオーナーにはサービスのひとつやふたつ、いや徹底したサービスを心掛けるものです。業界の事情、世界のボーティング最新事情などさまざまな情報も教えてくれます。

そして、なんといってもボーティングやヨッティングのプロフェッショナルですから、慣れないうちは一緒に同乗してもらうこともできます。故障したときの対応も確実なので安心です。

試乗会には積極的に参加しましょう

ヨットやボートの新艇購入を考え、ある程度予算も確保したら、業者が開催する新艇試乗会に積極的に参加したいものです。実際に艇に乗って、その走り心地や船内の使い勝手などを体験することができます。ボートやヨットはクルマと違い、ただ走るだけでも波や風、潮流など外的な要素が多く、実際に走らないとその艇の状態を把握しにくい乗り物です。

また、走らないときも桟橋に係留している状態で、船内で寝食することもあるわけですから、ある意味、生活の場としてのチェックも必要となります。

　船内の空気の流れとか、ベッドの寝心地、トイレの使い勝手など、カタログでは分からない実感する情報を、試乗会ではたくさん得ることができます。

新艇でも購入しやすいミニボートで釣り三昧

　ほんの数年前までは、エンジン付きのすべてのボートは操船するにはボート免許が必要で、エンジンを搭載するボートは船舶検査が義務付けられていました。それが規制緩和によっ

て、ボートの長さが3メートル未満で、エンジンが2馬力以下のボートについてはボート免許も船検も不要になったのです。本書でも何カ所かでご紹介しましたが、このサイズのボートのことをミニボート、あるいは2馬力ボートと呼んでいます。

このミニボートならば、エンジン付きの新艇でも20～40万円で購入できます。これまで岸壁で釣りをしていた多くの釣り人たちにとって、釣り糸を垂れるその少し先の沖で釣りをすることは憧れでしたが、この規制緩和により多くの釣り人がマイボートを入手するようになりました。ボートを開発しているメーカーからは、運ぶときは分割されていて海に降ろすときには簡単に組み立てられる分割式のミニボートや、軽のワンボックスカーの荷台に載せられるようなミニボートを開発したり、年を追うごとに新艇が発表されています。こうしたFRP製のボートはもちろんですが、ゴムボートメーカーも、より軽く、丈夫で使いやすいボートを次々とリリースしています。もちろん中古ボートとなるとこのサイズのボートなら数万円から出回っています。

しかし、いくらボート免許不要だからといって、何の知識もないまま いきなり海へ出るのは無謀です。ボート販売店の人のアドバイスや専門書などで最低限の知識を得てから、できれば最初のうちは既にやっている人たちと一緒に行動したほうが安全です。ボート免許を持っていてもいなくても、海の上における船舶同士の航行に関しては国際的なルールがあるのです。でもその知識は「海の上では船は右側通行」程度のことです。とは言ってもさまざまなケースがありますので注意が必要です。天候に注意して、ライフジャケット

のんびりクルージングもまた楽しい

ボート免許が要らないミニボートで気ままに釣りもよし

桜見物をしながらのボーティングも楽しめます

（救命胴衣）を着用、連絡手段を確保（携帯電話を防水ケースに入れて携行するなど）、緊急用のオールやアンカーの搭載など、海の上で起きるさまざまな危険に対応できる準備をしたうえで、謙虚に、慎重に行動するべきです。

キーワード

ミニボート　検索

POINT 6

自分で造って乗る

世界一周した自作ヨット〈希望号〉と藤村正人さん

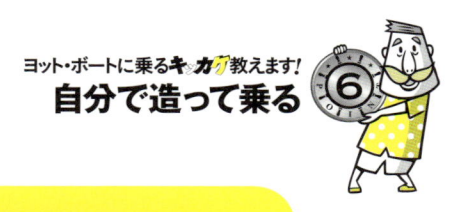

自作ヨットで世界一周を達成した青年のロマン

自分の手でヨットやボートを造る人たちも数多くいます。

全長わずか7メートル(23フィート)の自作ヨットで、世界一周9万キロの航海をした藤村正人さんの〈希望号〉のストーリーは単行本「希望号の冒険」(舵社刊)に記録されております。

藤村さんは16歳のときに日本で初めて自作ヨットで世界一周を達成した青木洋さんの著書「海とぼくの信天翁《あほうどり》」を読み、一念発起しました。世界一周に出航するときに会社勤めでは簡単に休めないと、猛勉強をして北海道の獣医科大学に入学。その後、働きながら5年間延べ8,000時間をかけてヨットを自作しました。

そして31歳で完成。1991年に兵庫県の姫路を出港して、およそ6年間の世界一周を達成しました。日本を出港するときを結婚式とした藤村さん夫妻は途中で子供が産まれたために、途中からは一人で航海を続けて見事に世界一周を終えました。働き始めてからの12年間の給料の半分を貯めて、スポンサーもなく自力で周航した模様は、藤村さんから届く写真と文章が当時ヨット・ボートの専門誌「KAZI」で掲載され、人気連載となりました。

藤村さんの自作ヨットによる世界一周は、お金がなくてもヨットで世界一周できるお手本として脚光をあびたものです。

地中海、カリブ海、南太平洋の島々の入り江には、世界中から航海してきたヨットが停泊しています

自作ヨットで世界を旅する人たち

ずいぶん前のことですが、取材でニュージーランドへ行ったときのことです。首都のあるヌメアのヨットクラブを訪ねると、近くの造船所で全長2.9メートルのヨットを自作しているカナダ人の青年がいるというので行ってみました。

全長2.9メートルと言われても読者の方はピンとこないと思いますが、堀江謙一さんが、1962年に初めて一人で太平洋を横断したときのヨットが5.8メートルです。実際に自作しているところへ行くとアルミ製のピンポン玉のようなヨットは、中で横になるのがやっとのサイズでした。そんな小さなヨットを、しかも自作で造って世界一周を目指しているというのですから、世界にはすごい人がいるものだと思ったものです。ちなみに堀江謙一さんは1989年に2.8メートルのヨットで単独太平洋横断に成功していますが、これも大変な偉業ですが自作ではありませんでした。

自作はこうした少し特別な冒険を求める人たちだからできるのかと思っていましたら、タヒチへ行ったときのことです。美しい入り江に停泊していた40フィート(12メートル)のセーリングクルーザーに招かれました。

船尾にはフランスの国旗が掲げられ、そのスチール製のヨットのキャビンの中は機能的に部屋が区切られ、きちんと整頓されていました。オーナー夫妻はフランス人で60歳前後、聞くと、なんと自作のクルーザーだというのです。

人里離れた港にも、中には北極や南極のほうへ行くヨットもあります

「自宅の庭で週末にコツコツとこのフネを自作して、完成までに5年間かかりました。そして仕事を辞めて二人で世界一周に出て7年目になります」とあっけらかんと言ったのです。前述した藤村さんやカナダ人青年のような、若者の夢へのチャレンジ的なことではなく、ごく普通のご夫婦がヨットを自作して世界一周の旅に出かけていることに驚きました。

　自作とは話が少しズレますが、その夫婦だけでなくタヒチの泊地に停泊していた各国からきたヨットたちのその航海する年数の長さに驚いていましたら、あるオーナーがこう言いました。

「な〜に驚くことはないよ、今まで聞いた中でいちばんスゴイのは、世界一周に出かけた夫婦が、まだ周航の途中なのに、ホームポートを出港してから28年目というのがいるんだから」

ボートを自作する魅力

　最近ではエンジン付きのボートを造って海上を航行するためには、法規制が厳しくなって（動力付き船舶としての安全基準をクリアしていなければならないため登録手続きが煩雑になった）、自作する人が少なくなったものの、まだまだ自作を趣味とする人たちがいます。

　特に平成14年に規制緩和されて以来人気がある長さ3メートル未満、2馬力以下の船外機エンジンであれば、ボート免許が不要で船舶検査も必要のないミニボートと呼ばれるボートを自作する

(上) ファイアーバグというセーリングディンギーの自作は、初めての人でも作りやすいと普及活動をする秋田聡さん
(下) 秋田さんの自作工房

マニアがいます。

自作は、造っていく過程の楽しみと、完成後に自分が造ったボートに乗る楽しみと２回の喜びを味わうことができます。

また、自分で造るわけですから細部にわたる構造も理解でき、どこかが破損したときなども素早く対応できるため安全にもつながります。基本的には材料と工具と、自作可能なスペース、そして製作にかけられる時間さえあれば安上がりになりますので経済的でもあります。

自作ヨットで世界一周は無理としても、小さなマイボートで釣り三昧は決して無理な夢ではありません。

キーワード

自作ヨット　検索

自作ボート　検索

ボートデザイナーの大御所として有名な堀内浩太郎さんの設計による、自作のスモールボート

7

乗らずに遊ぶ

ラジコンヨットのインターナショナルワンメーター（IOM）クラスのスタート風景

マホガニー張りのラジコンヨットは、2011年のデザイン賞を受賞しただけあってとても美しい

市販されているラジコンヨットもいろいろある

ラジコンヨットレースに大興奮!

今ではパソコンでリアルにバーチャル体験できるカーレースがありますが、その昔はラジコンカーによるレースがはやったことがありました。今でもファンはいるのでしょうが、大きな駐車場などにコースを作り、自慢のラジコンカーを持ち寄ってレースを楽しむファンがたくさんいました。その醍醐味は、まるで自分がカーレーサーになったような気分を味わえるところにありました。

同じように、ヨットの世界にもラジコンヨットがあります。ラジコンボートもありますが、ボートのようにモーターで水中プロペラと舵を動かして操船するのではなく、ラジコンヨットの場合はモーターの力で舵とセールの角度を変えて、風の力だけで走らせるのです。自作するものもあれば、完成品もあります。

最初のうちは趣味の人たちの集まりでしたが、年々ファンが増えて今では日本模型ヨット協会となり、全国にいくつか支部があります。クラスはヨットの長さやデザインなどによっていくつかに分かれており、それぞれクラスごとにレースをしています。

支部レースを経て、全日本選手権も開催されています。中には本物のヨットレースに参加しているツワモノもいて、実戦さながら、高度な技術とレーシングタクティクス(戦略)が繰り広げられます。全日本を制すると世界選手権へも参加できます。

これも自作と同じでヨットを造っていく楽しみと、実際に走らせる楽しみという二つの喜びを味わうことができます。ラジコンではなく実際のヨットに乗る手前の段階で「ヨットが風で走る原理」を学ぶには絶好の素材ともなります。また、造っていく過程ではヨットの各部名称を学ぶこともできますし、ヨットレースのルールを知るためにも役に立ちます。ヨットスクールに入る前に、操船の技を磨くのにラジコンヨットはとてもよい教材といえます。

入門用のラジコンヨットは2万円ぐらいからあり、操作も覚えれば簡単で体力もいらないため子供から年配まで幅広く楽しむことができます。風や潮の流れをはじめ、独特のルールを守りつつ相手の動きを見ながら戦うヨットレースは、洋上のチェスとも言われ、頭脳プレイも要求されます。

ラジコンボートでの競技は全日本モデルパワーボート連盟（JMPBA）が主催しており、こちらも迫力のあるレースが展開されています。琵琶湖横断10Kmや芦ノ湖縦断12Kmなど長距離レースも開催されており、歴史も長い趣味の世界です。

キーワード

模型ヨット　検索

模型ボート　検索

模型を造る喜び

帆船模型を造る愛好家の集まりに「木製帆船模型同好会 ザ・ロープ（東京）」というグループがあり、全国に20の同好会が作られています。メンバーの各自は丁寧に造り上げたさまざまな帆船

帆船「アメリカ」号（作者・ザ・ロープ会員・志村健次）

模型を持ち寄って情報交換をしたり、グループでまとめて展示会を開催したりしています。また、アメリカやフランスなどの仲間との交流も続けられています。

初心者向きには、誰でも気軽に造れるキットも販売されており、各地の同好会が主催する帆船模型製作教室などもありますが、ベテランともなると奥の深い趣味です。たった１枚の帆船の写真だけを頼りに、その帆船のルーツをたどり、その国の海事博物館などを訪ね資料を探り、自分で設計図を描いて素材を集め、完成するまでに何年もかける人もいます。虫メガネで見ると細部まで精巧に造られているのが分かるほど小さな帆船を造る人もいます。帆船模型を造る趣味が「キング・オブ・ホビー」と呼ばれるゆえんです。

写真は世界最高峰のヨットレース、アメリカズカップの起源とされるアメリカ号の模型ですが、ヨット乗りにとっては造る楽しみだけでなく、ただじっと眺めているだけで、アメリカズカップの原点となった1851年にタイムスリップして、時が過ぎるのを忘れてしまいます。

1851年といえば日本は嘉永4年、江戸時代末期。渡米していたジョン万次郎が日本に帰国した年です。また、ロンドンで第1回万国博覧会が開催された年でもあり、この2年後にマシュー・ペリー代将ひきいる黒船が日本へ来航したのです。そんな時代に、イギリスのワイト島でヨットレースが開催され、アメリカからやってきたヨット〈アメリカ〉号が優勝。以来、アメリカズカップとなったのです。本誌33頁に掲載されている写真がそのカップです。

キーワード

ザ・ロープ　検索

余談……こんなにおもしろい「乗らずに遊ぶ」があった

その昔、朝日新聞関西版に「ビルの地階にヨットハーバー」という記事が掲載されたことがありました。

その記事はこの本の次のコーナー「街で乗った気分を味わう」で紹介している芦屋のバー、ドッグハウスがあるビルの地下に43分の1サイズのミニチュア版のヨットハーバーが完成したという内容でした。関東に住んでいる私はその新聞記事を見ることはなかったのですが、人づてに聞いたその話はとても心躍るものでした。

たとえば、ある男性が神戸の三ノ宮あたりで彼女とデートしてい

乗らずに遊ぶ

ヨットに乗らなくても模型を見ているだけでオーナー気分を味わうことができます。このヨットはアメリカズカップで32勝をあげた〈レンジャー〉号の模型です

たとします。レストランでの食事を終えると、男性は次のように言うのです。

「これからちょっと僕のヨットでも見に行こうか」

「ええっ？ あなた、ヨットのオーナーなの？」

「そうそう、マリーナの桟橋に係留してあるんだ」

ということで、その地下へ彼女を案内します。

「あの桟橋の根元から３艇めのヨットが僕のヨットなんだ。もちろん係留料も払ってるんだよ」……そして愛艇を眺めながら二人でお酒を飲むのです。

なんと洒落《しゃれ》たアイデアでしょうか。その噂を聞いて以来、私は30年間、酔って思い出すたびにこの話をして、聞いた相手の心を何度となく和ませてきました。そのヨットハーバーを作ったのはバー、ドッグハウスのオーナー杉原寛信さんでした。

若い頃からヨットに乗っていた杉原さんはマリンブティックを経営する中で1mクラスの模型ヨットの企画・製造もしていました。模型ヨットの世界ではアメリカのニューポートで開催された模型で競い合うミニ・アメリカズカップに日本人で初めて参加、わが国にラジコンヨットブームを生む原動力となったのでした。

当時、杉原さんは模型ヨットの製作教室を開催しながらヨットの普及に貢献していました。1/43サイズのヨットハーバーは、完成した模型ヨットの係留場所となったのです。なぜ、1/43かというと当時からクルマのミニチュアカーの世界基準となったスケールが1/43だったからとのことです。つまり、ミニヨットハーバーにはミニヨットのオーナーだけでなく、ミニカーのオーナーも自慢の愛車

を駐車できたのです。従って係留料も実際の相場の1/43、駐車料金も1/43。桟橋もアメリカのニューポートのマリーナで実際に入手した桟橋の木片で作り、ハーバーの周囲にはセール工場やマリンショップなども設置されて、それぞれの建屋には1/43の費用で広告看板もしつらえられたそうです。

　実に楽しいじゃありませんか。いまあったら私も模型ヨットを係留したいくらいです。まさしく「乗らずに遊ぶ」の真骨頂ですね。

各ヨットのオーナーは岸辺から器用に操作します。まるで本物のヨットレースのようですね

イタリアの名艇リーバの模型。見ているだけで時の経つのを忘れてしまいそうです

パソコンのヨットレースゲームでバーチャル体験

実際にヨットに乗ることなく、パソコンを使ってヨットに乗った気分を味わえるゲームもいくつか出ています。

欧米で開発されたものが主流ですが、さすがにセーリング文化が進んでいるところで作られているので、ここ10年ほどで画質や操作性などレベルがぐっと高くなりました。

最初のころはセールならセールだけ、舵なら舵だけを操作するような単純に画面上をヨットが動く程度でしたが、今ではセーリングに関わるさまざまな情報（風向・風速・艇速・潮流など）が組み込まれるようになりました。自分のヨットのカラーリングやセールの

種類など装備面も選ぶことができて、画面も3Dで臨場感たっぷりです。自分が操船しているヨットの上から前方の海を見渡す画面だけでなく、客観的に自艇の動向を空から見ているような画面など、視点も変えられます。走っているヨットの引き波などもリアリティーがあり、レースに参加しないで海上を走りまわるだけでも気持ちのいい感覚が味わえます。

操船に関しても、セーリング文化が進んでいる人々をターゲットにしているために、実際にヨットを走らせるために必要な技術を駆使できる高度なものになっています。日本ではセーリングに対する基礎知識（ヨットが走る原理など）を知ってる人が少ないため、初めて操作する人には少し難しいかもしれません。

もともと近年のアメリカズカップにおいて、世界のセーリングファン向けにレースの模様を分かりやすくパソコン画面で見ることができるように開発された技術が導入されています。ですから年を追うごとに画面はリアルになり、いまも進化し続けています。

人気があるのは「Virtual Skipper Online」というゲームで、すでにバージョン５まであります。無料でダウンロードできるデモ版もあるのでぜひ試してみてください。

もうひとつ、世界一周ヨットレースを全世界の人たちとオンラインゲームで楽しめるゲームも人気があります。

それは実際に４年に１度開催されている世界一周ヨットレース「ボルボ・オーシャンレース」のスタートと同時に、誰でも自分のヨットを登録することができ、実際のコースと同じルートをたどりながら、全世界の参加者たちと競い合うことができるのです。

ボルボオーシャンカップゲームで世界一周ができるのです

前回の大会では約10万人がレースに参加したそうです。この原稿を執筆しているときもまさにレースが開催されているところで、2011年の11月にスペインをスタートして全航程約7万3千キロを9のレグに分けて、2012年の8月頃までおよそ9カ月にわたって世界一周を競い合います。

優勝者はレグごとに用意された賞品を受け取ることができます。ちなみに第1レグの優勝賞品はアラブ首長国連邦への往復航空券と宿泊券。ただし、パソコン上ではより速く走るためにセールなどのオプションを購入するために最低でも5ユーロが必要となります。

自分が、パソコンの上で実際に走っている参加選手たちと同じコースをたどり、ヨットで世界一周できるという、とても夢のあるゲームです。

キーワード

ヨットレースゲーム　検索

ヨット・ボートに乗るキッカケ10ポイント

8

街で乗った気分を味わう

(上) ぐるめ亭の店内には、本物のヨットのブームが飾られています
(下) 入口のドアには船窓。ドアの横にはセール。ドライドックのたたずまい

街で乗った気分を味わう

キャビンのようなバーでオーナー気分

本書でご紹介するヨット・ボートに乗るキッカケも、その8まできました。ここらで少しリラックスタイムを取ることにして、その8は「街で乗った気分を味わう」ことにしましょう。街の中にあるキャビンのようなバーの中で、船に乗ったような気分を味わえるお店を、いくつか紹介することから始めることにしましょう。街には、ボートやヨットのオーナーでなくても、誰でも入ることができて店内のインテリアがキャビンふうにデザインされていて、その店の中にいると、まるでヨットの中にいるような気分で飲めるバーがあります。

たとえば東京、新橋にある「ドライドック」。このバーはオーナーの原田豊さん自らがボートオーナーのため、最初から本格的なキャビンを目指してデザインされたバーです。古い帆船のキャビンふうのバーやレストランはたまに見かけるのですが、ここは古い船ではなく「現役の船」にこだわって創作されています。

入り口の重い木の扉には船の丸窓。扉の横にはセールの付いたマスト。1階はキャビンふうカウンターバーで、カウンターの向こう側にあるビールサーバーはラット(舵輪)。2階に上がると全体が洗練された木造船のキャビンの中にいるようです。白い壁、角を縁取る木部は美しくニスで仕上げてあり、室内にはボート乗りが好み、実際に船室にも使われる高級家具「スターベイ」のテーブルや椅子が並んでいます。

場所柄、店内はたくさんのお客さんでいつも賑わっているのですが、はたしてどれだけの人がこのお店の造りや調度品の質の高さに気がついているのでしょうか。気付いている人はきっとボートやヨットを楽しんでいる人でしょう。かくいう私も、海に行ってセーリングができないときが長く続くと、この店の片隅で飲んでいます。

新橋でもう１軒、長年営業しているキャビンふうのバーといえば「ぐるめ亭」を外すわけにはいきません。ここのオーナーマスターの古澤清さんは、以前セーリングクルーザーの共同オーナーでもあった関係で、店内にはヨットの本物のブーム（セールを支える横柱）が飾ってあったり、ムード満点。何よりも、もともと国際航路の船乗りだったマスターのシーマンスピリット談義が聞けるので、一人で行ってもヨット・ボートどころか船乗りのマドロス気分まで味わうことができるのです。

キーワード

ドライドック　検索

ぐるめ亭　新橋　検索

ヨット乗りやボート乗りがよく集まる飲み屋

前のコーナー「乗らずに遊ぶ」でご紹介した模型用のミニヨットハーバーを作ったことのある杉原さんは、いまはマリンブティックのほかにＪＩＢというブランドのセールバッグで全国展開しているかたわら、芦屋でバー「ドッグハウス」を営んでいます。

昔からヨットの普及に貢献してきた杉原さんは、このバーをキッ

関西の甲子園口駅から徒歩で行けるドッグハウス。よくワンちゃんの小屋と間違えられるそうですが、実はクルーザーのキャビンを囲っている構造物のこともドッグハウスというのです。こだわってますね

カケに初めてヨットに乗る人の輪を広げようとさまざまな活動をしています。たまたまバーへ立ち寄った若い人でも気軽にとけこめる、フレンドリーな雰囲気のＪＩＢセーリングクラブへの入会をすすめてくれます。ヨット部出身者とかではなく、ごく普通の人たちを対象にヨット体験を誘うイベントも手がけています。

　芦屋から西宮にかけてのバーのマスターやそのお客たちのチームによる、芦屋西宮バーカップヨットレースというのを開催しています。これはまさしくヨットのヨの字も知らないお客さんを誘って、練習をしてレースに出ましょうというのです。すでに2回開催されており、参加者は増える一方です。しかも、いままでヨットに乗ったことのない若い人たちが、たくさん参入してきているのです。

このようにバーのオーナーやマスターがヨット好きだったり、ボート釣りが趣味だったりすると、自然とその仲間が店に集います。そういうお店へ行って、飲みながらさまざまな情報を教えてもらうこともできます。

キーワード

バー　ドッグハウス　検索

自宅の部屋を船のアンティークで飾る

部屋のインテリアを本物の船のアンティークや家具で飾る専門会社があります。その会社はこれまでにいくつかの部屋や家屋を一軒丸ごと、そして各種イベント会場などを手がけてきたのですが、個人宅の場合、その発注者はヨットやボートのオーナーさんが多いのかというと、実は違うそうです。

ほとんどの方はヨット・ボートとは縁が無かったのですが、憧れは抱いていたのだそうです。お金に少し余裕ができるまで我慢していたのですが、いざボートを購入しようとしても金銭的にはまだまだとか、操船したり維持するのに体力に自信がないという方が、自分の部屋や居間を船室ふうにしたいとか、潮の香りのするような、いつも海と接しているような部屋にリフォームしたいという方が多いそうです。

会社の名はネルソンズというのですが、同社は東京銀座で船のアンティークをあしらった船室ふうのバー「ネルソンズ・バー」を4軒出

ヨット・ボートに乗るキッカケ教えます!

街で乗った気分を味わう

ネルソンズ・バーの一角。自宅の本棚もちょっとした船っぽいアンティークで飾ればムード満点

店しています。これらのバーで一杯やるのも「街で乗った気分を味わう」には充分です。お金に余裕のある人なら、自分の部屋を船室のようにリフォームするイメージを膨らませながら飲むのも一興です。

キーワード

ネルソンズバー　検索

マリンショップは情報の宝庫

街中にあるとは限りませんが、ヨット・ボートの関連用品を扱っているマリンショップにはモノ情報だけでなく、さまざまな情報が集まっています。店長をはじめとする店のスタッフは、それこそ毎日のようにヨットやボートのオーナーさんや関係者とさまざまな情報のやりとりをしているからです。

マリンショップに入ったら、しつこい営業マンに何千万円もするボートをセールスされるのかもしれない、などということはありませんから心配しないでください。ショップの中には潮っ気あふれる本物の関連用品が並んでいますので、それを見ているだけでも雰囲気を味わえます。その昔、実際には海に行かないのにサーフボードだけは持っていてサーファーを名乗っている人のことを指して、陸（オカ）サーファーという呼び名がありましたが、ヨット・ボートの世界でも大いにありです。ヨット用のカッパを着て、セールバッグを肩から掛ければ、陸セーラーの出来上がりです。ついでにマリーナへでも行って、クルーを募集しているヨットに出会えれば、すぐに本物のヨットマンへ仲間入りすることもできるのです。

はじめから自分の中に、ここから先は自分の世界ではないなどと考えないことです。もっと気を楽にして、マリンショップにも足を踏み入れてほしいものです。

店長やスタッフたちも、話しているうちにお客様のヨットやボートに対する密度が分かり、何を望んでいるかに合わせた答えを探してくれます。お客様は正直に言えばいいだけです。

たとえば、自分はヨットやボートはまったくやったこともない（恥ずかしいことは何もありません。皆さん最初は誰でも初心者だったのですから）のだが、自分の部屋を少しマリンっぽくにしたいので、何かそれなりな飾りになるようなものはあるかとたずねればよいだ

マリンショップの店内には、潮っけたっぷりのグッズがずらりと並んでいます

けです。ロープだけでもいいですし、ロープを止めるクリートという金具やロープを通すブロック（滑車）などを、さりげなく書棚の空きスペースに置くだけでボートの本物の雰囲気が出るものです。

ただし、いまはパソコンで「マリンショップ」とキーワードを打ち込むと、ほとんどが通販ショップなので注意が必要です。リアルショップをもっているかどうかを確かめる必要があります。また、ダイビングショップでもマリンショップのカテゴリーの中に含まれますので、キーワードの前に「ボート ヨット」などを入れると比較的多くのリアルショップを検索することができます。

ヨット・ボートに乗るキッカケ10ポイント

POINT 9

海外で乗る

欧米の人たちは長期の夏季休暇を過ごすために、家族でヨットを借りて航海する文化があります。長期間借りて船内に宿泊すれば、宿泊費はかかりません。さらに、風が動力源ですから燃料費は港の出入りのときだけで、交通費もかかりません。そのうえ自分たちで料理をすれば、1日単価を安くできることを知っているからです

意外と安上がりなチャーターヨット

さて、いよいよ「海外で乗る」です。ヨットやボートに海外で乗れることを知っている人は、けっこう事情通と言っていいのではないでしょうか。普通に考えると、日本でもヨットやボートに乗るにはお金がかかるんだから、海外に行ったらもっとお金がかかるんじゃないかと思いますよね。

ところが違うんです。そのイメージは大型ボートをチャーターした場合のことで、セーリングクルーザー型のヨットの場合はよく計算するととてもリーズナブルであることが分かります。

海外にも大型ボート、それも宿泊施設がついたような豪華モータークルーザーのチャーターは大きさにもよりますが高額なチャーター料かかりますので、本書ではチャーターヨットに限定して話を進めていきます。

海外でのチャーターヨットがリーズナブルな理由

たとえばタヒチでクルー付きの43フィートのヨットを、6人で5日間チャーターしたとします。1人分のチャーター料金はざっと14万円。この料金の中には食事も宿泊費も、そしてヨットで移動するのですから交通費も含まれています。これをもう少し細かく考えてみることにします。

豪華客船の旅とは違い、狭い水路なども入っていけるので、また違う味わいがあります。 操船はスキッパーにお任せでも問題ありません

１日で割ると2.8万円と考えて、その金額の中に３食の食事代、宿泊費、交通費が含まれているのです。そして大型のヨットでセールに風を受けて南太平洋の真っ青な海の上を走るのです。島々を巡るヨットの船旅を満喫できるのです。操船についてはプロのスキッパー（艇長）とクルー（ホステスを兼ねる）がついているので安心です。立ち寄る入り江では、ヨットのデッキからそのまま海へダイビングもできるのです。美しい魚をたくさん見ながらスノーケリングを楽しむことができるのです。まさに、洋上に浮かぶプライベートコテージそのものです。

食事はクルーがさまざまなものを用意してくれます。ときには航海中に釣り上げた新鮮な魚料理がでることもありますし、あらかじ

ずらりと並んでいるヨットは、英国の大手チャーターヨット会社「サンセール」のものです。 世界各地のベースにチャーター用に用意されています

め基地で積んだ食材で美味しい料理を作ってくれます。夜ともなれば、ワイングラス片手に満天の星の下でディナータイムを迎えます。

私が乗ったときは、きちんとテーブルクロスを敷いてナイフ&フォークと皿がセットされ、ディナー料理を順番に出してくれました。そして、アフターディナーはそのヨットのスキッパーによるギターの弾き語り……。夢のようなひとときでした。

というようなシチュエーションを現実のものにできるとしたら、リーズナブルな料金だと思うのですが、いかがでしょうか。1泊数万円する高級リゾートに泊まって、どこも移動しないで過ごすのもいいですが、チャーターヨットはまた別の次元の魅力があります。その極上の魅力の割には手が届く範囲の料金だと思います。

乗り合い方式のチャーターヨットは、小さな客船と思えばいいのです。同じ船に乗ったお客同士、すぐに仲良くなります

チャーターヨットの種類

一概にチャーターヨットといっても大きく分けて二つのチャーター方法があります。ひとつはレンタカーのように、ヨットだけ借りて操船は借りた本人たちがする方法です。素足や裸足のことをbarefootといいますが、ヨットを素で借りるからベア（素）ボートチャーターと呼ばれています。ベアボートチャーターはヨットだけ借りるわけですから、その分チャーター料金も割安で、どこへでも自由に航海できますが、自分で操船するというリスクがともないます。

もうひとつの方法は、スキッパー（艇長）やホステスなどクルーが付いた状態でヨットを借りる方法で、クルードチャーターと呼ばれています。こちらは操船はクルーが行いますので、操船についてはお任せです。後ほど説明しますが、スキッパーだけであったり、食事の用意をしてもらうコックだけ頼む方法もあります。

この二つの方法のどちらかを選んでチャーターするのですが、いずれにせよ初めてヨットに乗る方がベアボートチャーターすることは無理です。スクールのコーナーで説明した、国際的な認定証を取得したとしても、安易にベアボートチャーターするのは避けたいものです。というのは、その海域の暗礁の位置など、危険な海域についての知識がないまま航海するのは危険だからです。何度かクルードチャーターで通って、その海域の状況が把握できてからベアボートチャーターすることをおすすめします。

クルードチャーターについて

ここでチャーターヨットツアーを長年手がけている専門会社テクノレジャーの神谷吉紀氏に、最新のチャーターヨット事情について情報をいただくことにしましょう。

「クルードチャーターにも(1)スキッパー&ホステス、(2)スキッパーのみや、コックのみ、(3)スキッパー兼コック、(4)セールガイドだけ、などいろいろな組み合わせがあります。一般的には(1)のスキッパー&ホステスがもっとも利用されています。また、(5)1〜2泊だけクルーをつけたり、途中でクルーをチェンジすることも可能です。乗り捨てが出来るのもクルードチャーターの醍醐味ですね。たとえば島巡りを片道だけヨットで航海して、帰りは飛行機で大きな都市まで戻るということも可能です。プライベートに利用

地球に住んでいて
良かったなぁ、
と、思うひとときです

HOLOHOLO
ROAD HARBOUR
BVI

できるだけあって自由度は満点ですが、価格が高くなりますので、初めての方には難点となります。

クルードチャーターは仲間だけの小グループや、2～3カップルが集まって計画するには良い方法といえます。皆のスケジュールがなかなか合わないのが現状のようで、たとえばタイのキングスカップヨットレースに参加するなど、イベントのきっかけがないと案外まとまらないようですね」

キャビンチャーターという新しい方法

いわゆる決まったスケジュールとコースで運航される乗り合いのチャーターヨットのことです。他人同士が1艇のチャーターヨットに乗り、お客はそれぞれプライベートキャビンが用意されるためキャビンチャーターという呼び名になったようです。

このところ非常に需要が増えてきており、セーリングの知識や技術がなくてもセーリングを楽しむことができる上に、価格もチャーターに比べて廉価なので、若い方に向いています。欧米人には、ハネムーンにも結構利用されているようです。

出発日と航海するコースや日程は決まっていますが、いわゆる観光地などの見所は網羅されているので、短期間でも充実しています。神谷さんによると、このキャビンチャーターは、

「カタコトの英語でのコミュニケーションができれば、初めての海域の不安も心配もなく、気楽に楽しめるシステムです。1名様から

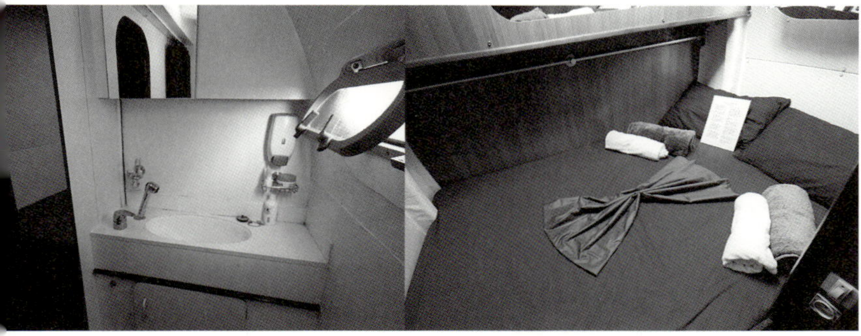

これがチャーターヨットのキャビンです。ヨットの大きさによっても違いますが、プライバシーは守られます

料金設定されていますので、仲間とスケジュールが合わなくても大丈夫。艇が大型なのでスペースも広く、初めてでも圧迫感がありません。また、スピードも速いので、ダイナミックなセーリングが楽しめます。

クルードチャーターより敷居が低く、チャーターヨットの入門編としては、最も向いていると思います。客船クルーズ旅行の小型ヨット版とでも表現すると分かりやすいと思いますが、フィッシングや、ダイビング、スノーケリングなども大いに楽しめますのでアクティブ派にはお勧めです。

海外旅行の際に、珊瑚礁の海をクルージングするオプショナルツアーをイメージして、ちょっとだけヨット泊を組み込むことで体験することができます。ヨットの乗船料には食事や上陸ツアーの費用も含まれるので、リーズナブルです。また、年に1～2回は日本人添乗員付きのツアーもあるので、英会話が苦手な方は、そのようなツアーに参加することもできます」

世界中の憧れのセーリングエリアへ バッグひとつで行ける

たとえばヨットで世界一周を計画するとしましょう。別項でもご紹介している通り、普通の庶民が計画すると長年の貯蓄と準備を続ける強い意思をもち、雑念や他の遊びを排除してストイックにならないとなかなか実現できるものではありません。

しかし、チャーターヨットなら旅のついでに憧れのクルージングエリアへ、バッグひとつ抱えて行ってセーリングすることができるのです。そして、チャーター会社のベースは、世界のセレブやヨット乗りたちが憧れる場所に必ずあります。

南太平洋のタヒチ、ニュージーランド、オーストラリア、ハワイ、カリブ海、地中海、エーゲ海、アドリア海、プーケット、ランカウイ。それぞれにいろいろなチャーター会社のベースがあります。

テクノレジャーのホームページを見ると、地域ごとのチャーター料金やコースなどが分かりやすく紹介されています。タヒチのキャビンチャーターの価格は最も高額となりますが、3 ～ 10泊までの幅広いメニューが用意されています。ちょっと体験してみたいという初心者向けには、ハワイやプーケット、ランカウイなどにあるデイチャーターが用意されています。ヨットに泊まるのは自信がないという人にも便利ですね。

また、ヨットの操船に慣れている人であればベアボートチャーターで自由にクルージングも可能ですが、タイのプーケットで毎年開催されているキングスカップなど、ヨットレースにチャーターヨッ

トで参加する日本のヨットマンたちも数多くいます。

テクノレジャーでは、海外で初めてチャーターヨットに乗る方のために持ち物から服装など、細部にわたり説明されている日本語マニュアルを用意してあります。ヨットの中で使うマリントイレの使用法など、船上での注意点を事前に案内しています。

同社は正規の登録旅行会社のため航空チケットの手配など旅行もセットしてパックにすることもできるので、手間いらずです。通常のツアーで行ってチャーターすると無駄になってしまうこともあるホテルも出てきたりしますが、そうした無駄も省くことができます。なんといっても、出発前に旅行情報はもちろんのこと、現地の海の状況やクルージングエリア情報を日本語で聞けるのは便利です。

キーワード

テクノレジャー　検索

カタマランヨットのデッキは広いので、くつろげるようにマットも敷いてあります

10

その他のキッカケ

海遊びの新しいスタイル、ビーチクラブ

ヨット・ボートに乗るキッカケ教えます!

その他のキッカケ

ここまでで９ポイントを紹介しましたが、他にもいろいろとキッカケはありますので、「その他」としてまとめて紹介することにしましょう。

ビーチクラブという新しいヨットへの入り口

あるときレジェンドサーファーのドジ・井坂さんが私のところへ訪ねてきました。以前から顔なじみではあったのですが、ドジさんはこう切り出したのです。

「湘南の住宅街をクルマで走っていると、戸建て住居の駐車場や庭に、明らかに使っていないヨットが置きっぱなしになっている家があるんですけど、あれってもらえないものですかね」

という話しから始まりました。ドジさんの構想は、ヨットやボートも含めてその導入部の堅苦しいシステムを取っ払って、誰でも気軽にビーチから海へ乗り出すことのできる場所を提供したいということでした。

その使っていないようなヨットは、ひょっとすると処分に困っているかもしれないから声をかけてみたらどうですか、と私が答えると、ドジさんはすぐに行動に移しました。そして数艇のディンギーを入手することができ、平塚のビーチに置いて、ビーチクラブの産声をあげました。

クラブといっても最初にやったのは無償で引き取ったヨットを、ビーチに並べておくだけ。そこへ立ち寄った誰にでも声をかけ、そのヨットに無料で乗ってもらうことから始めたのです。

とにかく堅苦しいことは言わず、ライフジャケットだけは着用してもらい、どんどんヨットに乗せて海に出てもらうのです。仲間に頼んで、セールに風を受けて走っている人を監視してもらいました。といっても、ほとんどの人は波打ち際からすぐのところで操船に苦労しながらウロウロするだけでした。危なそうになると水上バイクですぐに拾いに行くのです。

なかなか上手く操船できないと、人は悔しいものです。もちろん、インストラクターになれるような上手な人も仲間に加わってもらってますから、できない人はそのカッコイイ走り方をみると余計に悔しくなります。悔しさがつのると、何度も足を運んで乗るようになります。

あげくの果ては、誰か基本を教えてくれる人はいませんか、という

こちらは〈海と遊ぼう720〉キャンペーンでのシーン。どちらもカヌーで、どちらも体験乗船。 要するに初めての方々を海遊びへ誘うためには、こうしたキッカケ作りと、その情報提供が大切なんですね

こちらはビーチクラブでカヌーに乗る母子連れです

ことになりヨット仲間が教えるという流れができました。

そうこうするうちにウインドサーフィンやビーチバレーなど、ビーチをゲレンデとする遊びも加わり、ごく自然な形で仲間が形成されていきました。

子供から大人まで、誰でも参加できてさまざまなビーチ遊びを体験したり、ビーチクリーン活動やビーチコーミング、海辺の生物研究など、ビーチクラブの活動は全国に波及していきました。いまでは社団法人ビーチクラブ全国ネットワークという組織になり、活発に活動を続けています。ヨットだけでなく、さまざまなビーチ遊びを体験してみたい人には絶好のクラブです。ビーチサンダルを飛ばして競う、ビーサン飛ばしゲームもいまでは立派なビーチ競技となりました。

キーワード

ビーチクラブ　検索

「釣り」の原点
たいから

一人一人に
夢が広がっています
頭の中で、ボートが
走っています

全国各地で開催されているボートショーで情報収集

毎年、3月上旬になるとジャパンインターナショナルボートショーが開催されます。ボートやヨットの業界団体となる社団法人日本舟艇工業会が主催して、最近では横浜のパシフィコ横浜と横浜ベイサイドマリーナで開催されています。

国際ボートショーとして開催される日本では最大のボートショーですから、国産はもちろんのこと、外国のボートやヨットも数多く出展されます。ボートのボの字も知らない初めての人が、現物のヨットやボートを見るチャンスです。パシフィコ横浜では屋内展示場にボートやエンジン、その他関連用品がどっさりと展示されさまざまなイベントが開催されます。横浜ベイサイドマリーナでは桟橋に係留した状態で、大型のボートやヨットが展示されます。もちろん無料の体験乗船も開催されていますので、乗ることもできます。

と、ここまではけっこう知っている人もいるのですが、実はボートショーは日本舟艇工業会の支部単位でも開催されているのです。地方の方はわざわざ横浜のボートショーを見に行くことはできないでしょうから、この支部単位のボートショーは実艇を見るチャンスとなります。

主に国産ボートメーカーが中心の展示となりますが、それぞれの地域色があって楽しい時間を過ごすことができます。支部主催のボートショーは横浜の国際ボートショーを終えたあとの4月から5月の各週末あたりに開催されています。主な開催場所は関東(浦安、

横浜)、中部(名古屋)、関西(西宮)、中国(広島)、九州(西福岡、熊本、長崎)、沖縄(宜野湾)などですが、そのほかの時期に開催しているところもあります。3月ぐらいになると日程と場所が確定していますので、日本舟艇工業会に問い合わせれば教えてもらえます。

また、ヨットの業界団体が開催するフローティングヨットショーも、毎年秋に開催されているので、セーリングクルーザーに興味のある方にはお勧めです。関東では9月末ごろの週末に横浜ベイサイドマリーナで開催され、関西では10月第一週か二週の週末に新西宮ヨットハーバーで開催されています。関連用品の販売ブースや中古艇なども展示されます。

フローティングショーはサウサンプトン(英)やラ・ロシェル(仏)など欧米各地でも開催されていますが、それぞれ何万人も来場する一大イベントとなっています。それだけ人気があるイベントです。

横浜ベイサイドマリーナで毎年開催されるフローティングヨットショー。陸上にはマリングッズやマリンウエアを売っているお店も出ているので、バーゲン品など掘り出し物を見つけることもあります

海に浮いた自然な状態で展示されるので、デッキに立ったときの視線の位置やキャビン内の空気の流れなど、購入を考えている人にとっては「見て、触れて、乗る」実感を味わうことができるのでとても参考になります。

キーワード

日本舟艇工業会　検索

フローティングヨットショー　検索

いつも心の中に海を意識したライフスタイル

ヨット・ボートに乗ってみたいなぁ、と思う人は間違いなく海が好きに違いありません。そして、いざ実際にヨットやボートに乗るとなると、それなりのふんぎりが必要となります。

泳げないから無理だろうな、とか、知らない人と一緒に乗るのが苦手とか、いまさら若い人に混じってスクール通いなんかしたくない……などなど、なかなか一歩が踏み出せない理由があると思います。

そういうときは無理して乗ることはないのです。そのヒントを10ポイントの中に盛り込んでみました。

たとえば、自宅の部屋を海っぽく変えるだけでもいいのです。専門の業者さんに聞きましたら、自宅の居間や部屋を船室ふうに変えたいというお客様のほとんどは、それまでボートやヨットのオーナーになってみたかったのだけど、やっとのことで出来そうになった時に

潮風は、生活の調味料

は体力や気力がついていけなくなって、それでもあきらめきれずに憧れを実現するのだそうです。私は、それでもいいと思うのです。

ヨットの画家として知られる柏村勲さんは、若い頃に外国人が所有するヨットのクルーになって世界を旅した経験から、ヨットをモチーフとする絵画をたくさん描いています。ご自身はヨットのオーナーではないのですが、あるとき都内にある自宅とは別に、伊豆半島の小さな漁村にアパートの一室を安く借りました。

その部屋に柏村さんは私を招待してくれました。１階が駐車場で、その３階に柏村さんの部屋がありました。その日は真冬で小さな部屋でしたが、コタツの上には柏村さんが作ってくれた寄せ鍋が用意されていました。柏村さんは、その部屋の窓を寒いので一瞬、開けてくれました。私は柏村さんが週末ここへくる気持ちが分かりました。小さな漁港の向こうに海が見えたのです。後に柏村さんは小さなディンギーを購入し、漁港の片隅に置いてもらい、息子さんと一緒に乗って遊んだそうです。

大きなヨットやボートを購入しなくても、このようにちょっとした工夫で気が向いたときに海の近くで暮らすこともできるのです。特別に大きな別荘や大きなボートはなくても、海のある、そしてそこにヨットのある生活を手に入れることができるのです。

ヨットやボートに乗ったり所有したりしていなくても、マリンウエアにこだわる人もいます。ボーティングやセーリングシーンで着用されるウエアは、厳しい波風にさらされる劣悪な環境に対応できるように開発されています。そのウエアを他のアウトドアシーンで兼用しても一向にかまわないのです。機能的で使いやすいセールバッグをキャンプに持っていってもいいのです。山の遊びも海の遊びもどちらもやっていいのです。とかく、保守的なスポーツはあれをしてはいけない、これをしてはいけないとなりがちで、なんとなくヨットもボートも堅苦しい感じで受け止められやすいのですが、ほんとうはもっと気軽に入り込める遊びなのです。

ここでは乗らなくても心の中に海をもっているライフスタイルもあることを紹介しましたが、できれば気を楽にしてヨットやボートに乗ってみてください。そのように心を動かしてみると、あなたの周囲の知り合いにすでに楽しんでいる人がいるかも知れません。興味がないから気付かなかっただけで、ひょっとすると、あなたの会社にヨットやボートを楽しんでいるクラブがあるかもしれません。仲間がいるかもしれません。

少しの勇気と、ちょっとしたキッカケで、あなたは、ヨット・ボートの素敵な世界を、味わうことができるのです。

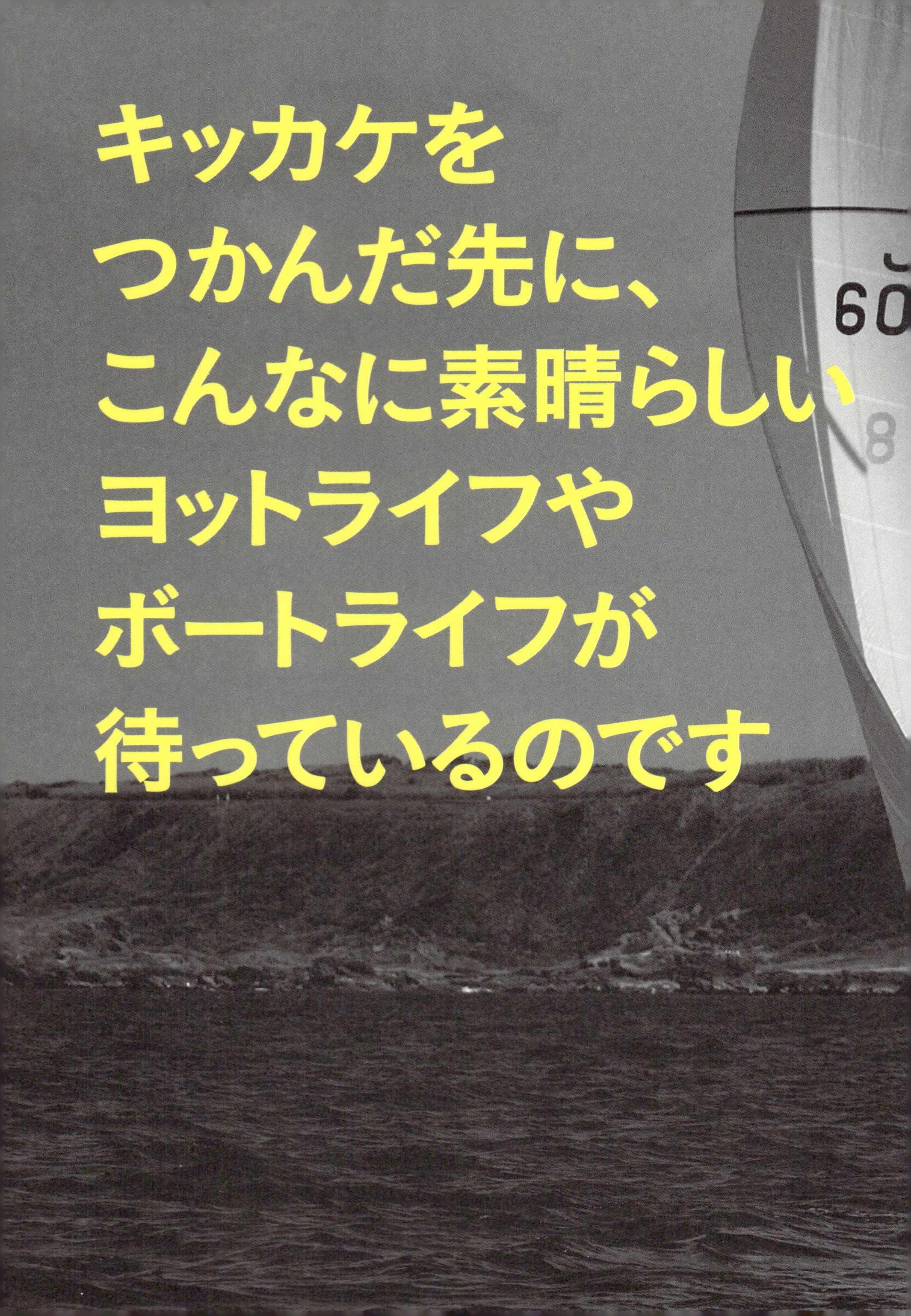
キッカケを
つかんだ先に、
こんなに素晴らしい
ヨットライフや
ボートライフが
待っているのです

セールいっぱいに風を受けて、風の力だけで海の上を走る爽快さを一度味わうと、このまま走ってどこまでも行ってみたくなります

クルージングで立ち寄るマリーナや港では、隣りに停泊しているフネ同士で情報交換をしたり、ロープを取り合ったり、交流があります

日本の沿岸を、ヨットでのんびりクルージング

ヨットの中でもキャビンのあるセーリングクルーザーは、荒れた海象においても耐航能力が高いため、それこそ世界一周も可能です。

しかし、そんな大それたことは考えずに、本書でご紹介したさまざまな方法で、とりあえず海へ出てみませんか。最初は誰かに操船してもらってもいいじゃないですか。エンジンをかけてマリーナから出港しましょう。

沖へ出て、セールを揚げてエンジンのスイッチを切ります。すると、ヨットが風だけで走っているのが分かります。この感覚は言葉で表現するのは難しいので是非体験していただきたいものです。聞こえるのはヨットのバウ（舳先）が波を切る音だけです。風を受けて船体は少し傾きますが心配することはありません。船底には横流れを防ぐ細長い板のようなキールがあり、その中にはバラスト（重り）が入っていますので風や波で傾いても元に戻るから大丈夫なのです。

セールに風があたり、ヨットがぐいぐいと前進していると、大自然から大きなエネルギーをもらって走っていることがよく分かります。太陽の照り返しできらきらしている海の上を、滑るように進みます。やわらかな潮風が頬をなで、身体全身で海を感じることができます。大きく深呼吸をして遠くの水平線を見ると、このままどこまでも行っ

ボートやヨットの寄港地として利用できる「海の駅」は、全国各地に130カ所以上あります

てしまいたい気持ちになります。

慣れてくると、自分だけでどこへでも行けるようになります。5月の連休や夏の盆休みを利用して、4日間、あるいは一週間ぐらいのクルージングをしている人たちは全国にたくさんいます。

いつもの行き慣れた漁港へ行くのもよし、たまには仲間で乗り継ぎながら遠出して、未知の海、見知らぬ港へクルージングするのも楽しいものです。

ベテランになると夜も洋上を走ります。夏の夜、爽やかな風を受けて走るナイトセーリングはとりわけ素晴らしいものです。空には満天の星がまたたき、バウが波を切るたびに夜光虫が反応し、ライトグリーンに輝くしぶきがセールをほんわりと照らします。遠くの沿岸には街の灯が数珠つなぎの宝石のようにきらめいています。

朝、海からあがる大きな太陽は、少しずつ海の視界を大きくしていきます。気が付くと大海原を帆走している自分たちがいます。地球の大きさを五感で感じることができるひとときです。

港に到着すると、さっそく散策です。地元の温泉につかり、仲間と食材を買い出しして、ヨットに戻り、皆でわいわいやりながら食事の準備。夕食はデッキの上で乾杯です。漁村の原風景を愛《め》でながら、静かに仲間との語らいの夜がふけ、三々五々、船内で眠りにつきます。

そしてまた朝がやってきます。漁に出かける漁船のエンジン音。カモメの鳴き声。岸壁の外にあたる波の音、潮騒。こうして日本各地を巡ることが、意のままにできるのです。

リタイア後に、ヨット〈てまり〉で世界一周の旅に出発した関山さんご夫妻

海外クルージングしているヨットの仲間入り

中学の頃からヨットに親しんできた関山光二さん、そして学生時代からアウトドア派だった奥様の真理子さんの二人は、リタイア後の人生をヨットで海外クルージングすることに決めました。

私は関山さんと長年お付き合いさせていただいていて、何度かヨットレースやクルージングを一緒に楽しんだ仲間です。関山さんが昔からいつかは自分でヨットを購入して、海外クルージングをするんだと語っていたのを知っているだけに、その夢を実現させているのを見るにつけ、自分のことのように嬉しいのです。

おもしろいことに関山さんは海外クルージングへ日本から出かけ

地中海をクルージングしていると、ちょくちょくクルージング中のヨットやボートとすれ違います

るのではなく、最初から海外へ行ってヨットを買って、そこから航海に出ました。普通は日本から出港する方が多いのですが、探しているお目当ての44フィートの中古ヨットがスペインのマリーナにあるとのことで、だったらスペインから航海に出ればいいということになったのです。

2011年6月にスペインを出航して、まずは2年かけて地中海クルーズ、その後は5年かけて西回りで世界一周の予定です。

ヨットの名前は〈てまり〉。長いセーリングの経験から長距離クルージングに適したアルミ製のヨットを購入して、安全第一に奥様と二人でのんびりクルージングを楽しんでいます。その模様は、「ヨット てまり」で検索すると見ることができます。ブログの中で関山さんも語っていますが、今はヨットの操船も電動でセールの揚げ降ろしができるため体力もそんなに必要なく、GPS（衛星による位

スペイン、バルセロナの港に停泊中のヨット〈てまり〉。これから7年間の船旅が始まります

置測定システム）など航海機器の発達もあって、とても安全に航海できます。「ヨットで世界を航海することは、冒険でも危険な行為でもない安全な旅です」とも書いています。

立ち寄る国々のさまざまな人々との出会い。美しい海、風景、街並み、遺跡、文化……気にいったところには長くいてもいいのです。もう一度行ってみたくなったら、そこへまた戻ることもできるのです。大西洋を渡ればカリブ海。パナマ運河を抜ければ太平洋。南太平洋のタヒチ、フィジー、ニュージーランド……気ままにヨットで世界旅行。

こうした旅を続けている日本のヨットがいま現在でも十数艇はいます。それぞれ連絡を取り合いながら、ときにはどこかの島や港で交流しながら世界を巡っています。関山さん夫妻は、その仲間入りをしたばかりです。

大海原を独り占めしながら、大物カジキがヒットするのをひたすら待ちます

大型ボートでカジキ釣り

ボートでクルージングをしている人もたくさんいます。いまは亡き名優、森繁久彌さんは若いころは73フィートの大型ヨット〈ふじまる〉で西伊豆や瀬戸内海のクルージングを楽しんでいました。晩年はヨットではなく、57フィートの大型ボートに親しみ、そのボートで日本一周航海を達成したほどの船好きでした。

ボートの場合は足が速いため、日帰りや1泊クルーズでも何カ所も寄港できるので忙しい方には向いています。もちろん、ボートの種類にはいろいろあって、スピードを楽しむのではなく、のんびりとした航海を好むオーナー用に、トローラータイプと呼ばれるボートもあります。

このようにクルージングを楽しむ人もいますが、わが国ではほとんどの人はボートで釣りを楽しむことを目的としています。いわゆるボートフィッシングです。小型ボートで岸に近いところで釣るスモールボートフィッシングもあれば、沖へ出てカジキやマグロなどを狙う大型ボートでトローリングをするようなビッグゲームフィッシングを趣味とする人たちもいます。

小型ボートも大型ボートも、全国各地でボートフィッシング大会が開催されています。大型ボートによる大会の代表格は、毎年夏に伊豆下田をベースに開催されるジャパン・インターナショナル・ビルフィッシュトーナメント（日本ゲームフィッシュ協会）が開催されています。全国各地からおよそ100艇もの参加艇が集結する日本最大の大会です。最近ではシーズンインすると、西のほうから大会が始まり日本沿岸を東へ移動しながらいくつもの大会が開催されるようになりました。

中には、ハワイで開催されている国際大会ハワイアン・インターナショナル・ビルフィッシュトーナメントに参加するチームもあります。

人間の背丈ほどもあるような大物を仕留めるのは、ビッグゲームフィッシングの醍醐味です

大物がヒットすると、人間とカジキとの闘いが始まります。ただ単純にリールを巻き上げるだけではなく、ラインが切れないように出したり巻いたりしながらの駆け引きが続きます。同時にボートの操船者の技術も要求されます

小さなボートを買って釣り三昧

岸壁で釣りを楽しんでいると、そのサオの先を小さなボートがトコトコと走っていき、楽しそうに釣り糸をたれているのを見て、「あんなボートが欲しいな、でも高いんだろうな。ボート免許も必要だろうし……」とあきらめている人がまだ多いようです。

本書でもすでにご紹介しましたが、実は規制緩和があって、長さ３メートル未満のボートに２馬力以下のエンジンをつけて走るのなら、ボート免許も、クルマの車検にあたる船舶検査「船検」も要らないのです。価格も安く、小型のためクルマにも搭載することもできるため人気が急上昇しました。エンジンも音が静かな4サイクルが開発され、ボートメーカーは軽くて機能的なボートを次々と発表しています。

これまで陸っぱりだった釣りファンたちが、毎年４～５千人はボートフィッシングを楽しむマイボートのオーナーになりつつあります。スモールボートの専門書も数多くありますし、「２馬力ミニボート」でネット検索するとさまざまな情報を入手することができます。しかし、くれぐれも安全には留意して、マナーを守って楽しんでください。国土交通省ではミニボートファンを対象とした、安全マニュアルが掲載されている冊子を配布していますので参考にしてください。

岸壁から見ていたその少し先の海で、マイボートでボートフィッシングが楽しめるときがきたのです。

小さいながらもマイボート。自分だけの自由な世界です

スクールにはさまざまな形態があります。中には個人で開催しているところもあります。そのために連絡手段はさまざまで、ファクスのみで受けつけるスクールもあります。あらかじめご了承ください。(2012年2月現在)

クルーザースクール

シーガルマリン：〒064-0826 北海道札幌市中央区北6条西26丁目1-15
TEL/FAX：011-621-3895

小樽港マリーナ：〒047-0008 北海道小樽市築港5番7号
TEL：0134-22-1311　FAX：0134-22-1337

松島セーリングクラブ：〒985-0831 宮城県多賀城市笠神1-3-6-1
携帯TEL：080-6040-1695

日本歯科医師セーリング連盟：〒289-1733 千葉県山武郡横芝光町栗山3338-5
FAX：0479-82-8898

セントラル：〒292-0831 千葉県木更津市富士見3-1-22
TEL：0438-23-2091　FAX：0438-23-1455

オーシャンドリーム：〒136-0071 東京都江東区亀戸2-35-6
FAX：03-3680-0436

海洋計画・実践ヨット塾：〒150-0002 東京都渋谷区渋谷1-10-7 (株)海洋計画
TEL：03-3406-1114　FAX：03-3406-1130

S.I.P. ノースショアヨットクラブ：〒166-0014 東京都杉並区松ノ木1-13-14
携帯TEL：090-3683-0084(飯塚修弘)

オーシャンヨットチーム：〒166-0013 東京都杉並区堀ノ内2-33-16
TEL/FAX：03-3315-4026　携帯TEL：090-2453-3195(榎本幸博)

佐島マリーナ：〒240-0103 神奈川県横須賀市佐島3-7-4
TEL：046-856-0141　FAX：046-856-7199

横浜市民社会人ヨット教室：〒235-0016 神奈川県横浜市磯子区磯子1-5-28
TEL：045-761-0437　FAX：045-754-3690

ビー・ウインズ・セイリングクラブ：〒248-0013 神奈川県鎌倉市材木座6-16-37-2F
TEL/FAX：0467-24-9401

葉山セーリングカレッジ：〒240-0112 神奈川県三浦郡葉山町堀内939-13
TEL：046-877-5399 FAX：046-877-5398

横浜ヨット協会クルーザーヨット教室：〒235-0016 神奈川県横浜市磯子区磯子1-5-16
TEL：045-751-1304 FAX：045-751-1305

ISPAクルーザースクール：〒236-0007 神奈川県横浜市金沢区白帆6
横浜ベイサイドマリーナ
スクール専用 TEL：045-775-4153

Newbieヨットスクール：場所:神奈川県三浦市三崎町小網代1286 シーボニア
(問)朝河 清 TEL/FAX：03-3299-3856

下田ボートサービス：〒415-0013 静岡県下田市柿崎36-54
TEL：0558-22-5511 FAX：0558-22-3823

富士マリーナ：〒431-1202 静岡県浜松市西区呉松町1229
TEL：053-487-0884 FAX：053-487-0820

ハーバージョナサン：〒431-1305 静岡県浜松市北区細江町気賀11152
TEL：053-522-4666 FAX：053-522-4790

ラグナマリーナ セーリングクルーザースクール：〒443-0014 愛知県蒲郡市海陽町2-1
ラグーナ蒲郡内 ラグナマリーナ
TEL：0533-58-2800 FAX：0533-58-2801

刈谷セーリングクラブ・風の会：〒448-0835 愛知県刈谷市港町3-12 三河ヨット研究所内
TEL：0566-23-9337 FAX：0566-27-3227

ISPA蒲郡セーリングスクール：〒458-0021 愛知県名古屋市緑区滝ノ水2-2005-2
TEL：090-2570-1244

VOC志摩ヨットハーバー：〒516-0109 三重県度会郡南伊勢町船越3113
TEL：0599-66-0933 FAX：0599-66-0341

海遊人マリーナ：〒516-0116 三重県度会郡南伊勢町迫間浦1306-1
TEL：0599-64-3347 FAX：0599-64-3346

TYBC鳥羽ヨット少年団：〒517-0014 三重県鳥羽市堅神町728-2
TEL：090-4468-0050 FAX：0599-25-5602

伊勢湾海洋スポーツセンター：〒514-0812 三重県津市津興港中道北官370
TEL：059-226-0525：FAX：059-226-0556

マリーナ雄琴：〒520-0101 滋賀県大津市雄琴5-10-56
TEL：077-578-4037 FAX：077-578-4039

BSCウォータースポーツセンター：〒520-0516 滋賀県大津市南船路4-1
TEL：077-592-0127 FAX：077-592-1531

リブレセーリングスクール：〒520-0241 滋賀県大津市今堅田3-2-2
TEL：077-573-5656 FAX：077-573-5685

草津ヨットクラブ・クルーザー体験教室：〒525-0025 滋賀県草津市西渋川2-6-30
TEL/FAX：077-565-1487（浅井利治）

出島ヨットハーバー（日本オーピーヨット）：〒590-0831 大阪府堺市堺区出島西町1
TEL：0722-44-1139 FAX：0722-44-6171

青木ヨットスクール：〒598-0093 大阪府泉南郡田尻町りんくうポート北1番地
TEL：072-465-8192 FAX：072-465-8194

二色ハーバー：〒597-0095 大阪府貝塚市二色港町1番
TEL：0724-23-0064 FAX：0724-31-8645

バディ・バディ・クルーザーヨットスクール：〒641-0014 和歌山県和歌山市毛見1517-2
ソルカサデルマール1F マリーナサイド（和歌山マリーナシティ内）
TEL：073-446-7011 FAX：073-446-7033

KISヨットスクール新西宮：〒662-0934 兵庫県西宮市西宮浜4-16-1
新西宮ヨットハーバー内 マリンショップ一点鐘
TEL/FAX：0798-26-3114

岡山県牛窓ヨットハーバー：〒701-4302 岡山県瀬戸内市牛窓町牛窓5414-7
TEL：0869-34-5160 FAX：0869-34-6016

ポートオブ岡山ヨットスクール：〒702-8016 岡山県岡山市小串1173-2
TEI：086-269-2038 FAX：086-269-2092

アイルマリン：〒737-1377 広島県呉市倉橋町5863-3
TEL：0823-53-1177 FAX：0823-53-1178

瀬戸内クルーズ教室：〒761-0443 香川県高松市川島東町天神2199-5
TEL/FAX：087-848-3359（松岡 敏）

博多湾ヨットスクール：〒819-0001 福岡県福岡市西区小戸3-58-1（株）マリーンテック内
TEL：092-882-2618 FAX：092-891-2968

博多湾エコ・セイリング：〒891-0001 福岡県福岡市西区小戸3-58-1 福岡市立ヨットハーバー内
TEL：090-7165-8964　FAX：092-672-8104

ハウステンボスマリーナ「ヨットクルーズ」：〒859-3243 長崎県佐世保市ハウステンボス町1-1
TEL：0956-27-0260

ウエストスクール・オブ・ヨッティング：〒857-0017 長崎県佐世保市梅田町53-46
TEL：0956-25-3408

チャートハウス：〒901-2224 沖縄県宜野湾市真志喜580
TEL：099-898-4939　FAX：098-898-1311

ディンギースクール

鼠ヶ関マリーナ：〒999-7126 山形県鶴岡市鼠ケ関原海150
TEL/FAX：0235-44-3199

涸沼ヨットハーバー：〒311-1401 茨城県鉾田市箕輪2513
TEL：0291-37-0629

千葉市スポーツ振興財団：〒261-0012 千葉県千葉市美浜区磯辺2-8-1
TEL：043-279-1160　FAX：043-279-1575

行徳セーリングクラブ三番瀬ヨットスクール：〒272-0146 千葉県市川市広尾1-8-15-205
TEL/FAX：047-356-6688（高山武久）

J・セーリングスクール：〒287-0000 千葉県香取市粉名口2122-98
TEL：0478-54-6731

若洲ヨット訓練所：〒136-0083 東京都江東区若洲35番
TEL：03-5569-6703　FAX：03-5569-6719

リプル・セイリングクラブ：〒238-0316 神奈川県横須賀市長井2-11-1
TEL/FAX：046-857-1711

ファーイースト長浜セーリングクラブ：〒238-0114 神奈川県三浦市初声町和田2958
TEL：046-889-0939　FAX：046-889-0340

マリーナ笠島：〒240-0103 神奈川県横須賀市佐島3-8-2
TEL：046-856-3072　FAX：046-856-9172

マリンボックス100：〒249-0007 神奈川県逗子市新宿2-14-4
TEL：046-872-1550　FAX：046-872-5229

小田急ヨットクラブ：〒251-0036 神奈川県藤沢市江の島1-11-2
TEL：0466-24-4011　FAX：0466-24-5366

葉山セーリングカレッジ：〒240-0112 神奈川県三浦郡葉山町堀内939-13
TEL：046-877-5399　FAX：046-877-5398

サウスウインド：〒256-0812 神奈川県小田原市国府津2-6-17
TEL：0465-48-7674　FAX：0465-49-2080

ビー・ウインズ・セイリングクラブ：〒248-0013 神奈川県鎌倉市材木座6-16-37-2F
TEL/FAX：0467-24-9401

八景島マリーナ：〒236-0006 神奈川県横浜市金沢区八景島
TEL：045-788-8822　FAX：045-788-9841

三戸浜ヨットクラブ・ディンギーパーク：〒238-0112 神奈川県三浦市初声町三戸928-2
TEL/FAX：046-889-3068

山中湖ヨットハーバー：〒401-0501 山梨県南都留郡山中湖村山中232-7
TEL/FAX：0555-62-2110

下田ボートサービス：〒415-0013 静岡県下田市柿崎36-54
TEL：0558-22-5511　FAX：0558-22-3823

富士マリーナ：〒431-1202 静岡県浜松市西区呉松町1229
TEL：053-487-0884　FAX：053-487-0820

ビーチスマリーナ：〒431-1403 静岡県浜松市北区三ケ日町大崎1013
TEL/FAX：053-526-7829

沼津セイリングスポット：〒410-0822 静岡県沼津市下香貫牛臥3051-1
TEL：0559-31-3553　FAX：0559-31-3660

ハーバージョナサン：〒431-1305 静岡県浜松市北区細江町気賀11152
TEL：053-522-4666　FAX:053-522-4790

シーホッパー浜名湖フリート：〒430-0924 静岡県浜松市中区竜禅寺町742
TEL：090-3589-1093　FAX：053-452-1093

海陽ヨットハーバー：〒443-0014 愛知県蒲郡市海陽町1-7
TEL：0533-59-8851　FAX：0533-59-8185

伊勢湾海洋スポーツセンター：〒514-0812 三重県津市津興港中道北官370
TEL：059-226-0525 FAX：059-226-0556

VOC志摩ヨットハーバー：〒516-0109 三重県度会郡南伊勢町船越3113
TEL：0599-66-0933 FAX：0599-66-0341

松原ヨットクラブ：〒520-0047 滋賀県大津市浜大津4-4-8
TEL：077-522-7158 FAX：077-527-0285

アウトドアスポーツクラブ・オーパル：〒520-0101 滋賀県大津市雄琴5-265-1
フリーダイヤル:0120-17-6688

BSCウォータースポーツセンター：〒520-0516 滋賀県大津市南船路4-1
TEL：077-592-0127 FAX：077-592-1531

リブレセーリングスクール：〒520-0241 滋賀県大津市今堅田3-2-2
TEL：077-573-5656 FAX：077-573-5685

草津ヨットクラブ初心者ヨット教室：〒525-0025 滋賀県草津市西渋川2-6-30
TEL/FAX：077-565-1487（浅井利治）

京都府立宮津ヨットハーバー：〒626-0068 京都府宮津市字田井小字下ケ上ケ277
TEL/FAX：0772-22-6776

マリーナフィジー・フィジーヨットクラブ：〒626-0071 京都府宮津市由良ビーチ1378
TEL：0772-26-0243 FAX：0772-26-0248

大阪北港ヨットハーバー：〒554-0052 大阪府大阪市此花区常吉2-13-18
TEL：06-6468-3710 FAX：06-6462-0410
（申し込みは、大阪北港ディンギークラブからも可TEL:090-6730-0307）

二色ハーバー：〒597-0095 大阪府貝塚市二色港町1番
TEL：0724-23-0064 FAX：0724-31-8645

西宮ヨットクラブ：〒662-0933 兵庫県西宮市西波止町30-2
TEL：06-6211-5928（NOA Inc.内）

赤穂ヨットクラブ：〒678-0201 兵庫県赤穂市塩屋2774-12
TEL/FAX：0791-42-1346（長安）

兵庫県立海洋体育館：〒659-0032 兵庫県芦屋市浜風町30-2
TEL：0797-32-2255 FAX：0797-32-2256

木場ヨットハーバー：〒672-8016 兵庫県姫路市木場1390-3
TEL：0792-46-3928 FAX：0792-46-1979

アイルマリン：〒737-1377 広島県呉市倉橋町5863-3
TEL：0823-53-1177　FAX：0823-53-1178

マリンパーク新居浜：〒792-0872 愛媛県新居浜市垣生3-324
TEL：0897-46-4100　FAX：0897-46-4199

福岡市立ヨットハーバー：〒819-0001 福岡県福岡市西区小戸3-58-1
TEL：092-882-2151　FAX：092-881-2344

佐賀県ヨットハーバー：〒847-0861 佐賀県唐津市二タ子3-1-8
TEL：0955-73-7041　FAX：0955-73-8986

小戸サンライズセーリングクラブ：〒819-0001 福岡県福岡市西区小戸3-58-1
福岡市立ヨットハーバー内
TEL：092-882-2151　FAX：092-881-2344

鹿屋海洋スポーツクラブ：〒893-0014 鹿児島県鹿屋市寿8-17-47-1
TEL：0994-41-9951　FAX：0994-47-2756

ジュニアヨットクラブ

日本ジュニアヨットクラブ連盟：〒240-0103 神奈川県横須賀市佐島1-24-6
TEL：046-855-5911

函館ジュニアヨットスクール：〒041-1122 北海道亀田郡七飯町字大川310-208
TEL：0138-65-1126（長谷川克也）

共和ヨットスポーツ少年団：〒048-2202 北海道岩内郡共和町南幌似66-6
TEL：0135-73-2011（山口史雄）

室蘭ジュニアヨットクラブ：〒051-0035 北海道室蘭市絵鞆町4-2-14
TEL：0143-27-4188（エンルムマリーナ室蘭内）

札幌ジュニアヨットクラブ：〒063-0845 北海道札幌市西区八軒5条西1丁目1-15-503
TEL：011-642-1709（竹之内一昭）

小樽ヨット少年団：〒065-0019 北海道札幌市東区北19条東1-15-95
TEL：011-743-9068（石川一男）

浅虫ジュニアヨットクラブ：〒030-0947 青森県青森市浜館字間瀬40-16
TEL：0177-41-6630（笹森俊夫）

宮古ジュニアヨットセーリングクラブ：〒027-0027 岩手県宮古市磯鶏西14-20
TEL/FAX：0193-63-3205（橋本久夫）

松島ジュニアヨットクラブ：〒982-0021 宮城県仙台市太白区緑ケ丘4-15-15
TEL：022-248-7151（香野俊一）

石巻ジュニアヨットクラブ：〒986-0821 宮城県石巻市住吉町1-10-2
TEL：0225-22-2022（高城 宏）

松島・名取ジュニアヨットクラブ：〒985-0873 宮城県多賀城市中央2-24-16-601
TEL：022-309-1622（遠藤芳純）

秋田県セーリング連盟ジュニア：〒010-0918 秋田県秋田市泉南2-7-4
TEL：018-863-9614（加藤則夫）

B&G八郎潟海洋クラブ：〒018-1606 秋田県南秋田郡八郎潟町字大道80
八郎潟町教育委員会内
TEL：0188-75-5812（加藤 宏）

加茂ヨットスポーツ少年団：〒997-1204 山形県鶴岡市大字加茂41
TEL：0235-33-4327（内藤信二）

温海町ヨットスポーツ少年団：〒999-7126 山形県鶴岡市鼠ケ関原海150
鼠ヶ関マリーナ内
TEL：0235-44-3199（鼠ヶ関マリーナ）

B&G酒田海洋クラブ：〒998-0052 山形県酒田市緑が丘1-2-5
TEL：0234-31-5202（平塚眞義）

いわきジュニアヨットクラブ：〒971-8111 福島県いわき市小名浜大原西細野地103-7
TEL：090-8252-5550（大平邦夫）

茨城県セーリング連盟ジュニアヨットクラブ：〒305-0035 茨城県つくば市松代3-7-24
TEL：029-858-5158（磯崎雅文）

埼玉県セーリング連盟ジュニアヨットクラブ：〒332-0034 埼玉県川口市並木3-1-19
(株)リフェスト
TEL：048-258-9752（石井次男）

夢の島ジュニアヨットクラブ：〒279-0001 千葉県浦安市美浜3-8-14
TEL：047-354-3758（渡辺健二）

千葉ヨットビルダーズクラブジュニア：〒261-0012 千葉県千葉市美浜区磯辺1-21-6
TEL：043-298-7255（紺野 茂）

稲毛ジュニアセーリングクラブ：〒261-0013 千葉県千葉市美浜区打瀬3-5
TEL：043-211-0878（多田裕一）

中央区ヨット連盟ジュニアヨットクラブ：〒132-0011 東京都江戸川区瑞江2-5-10
TEL：03-3698-2580（竹内三恵）

江東ジュニアヨットクラブ：〒136-0076 東京都江東区南砂1-5-30-1315
TEL：03-3649-7413（滝川宗一）

東京ユースセーリングチーム：〒140-0015 東京都品川区西大井5-3-2
TEL：03-3777-0028（鈴木 修）

佐島ジュニアヨットクラブ：〒154-0023 東京都世田谷区若林5-4-7
TEL：03-3413-7357（神津 仁）

東京都ヨット連盟強化部：〒164-0013 東京都中野区弥生町2-53-3-506
TEL：03-3380-0292（山本俊貴）

湘南サニーサイドジュニアヨットクラブ：〒183-0016 東京都府中市八幡町3-5-10
TEL：042-363-5513（中村仁也）

横浜ジュニアヨットクラブ：〒226-0013 神奈川県横浜市緑区寺山町534
TEL：045-935-3481（斎藤敏雄）

K.M.C.横浜ジュニアヨットクラブ：〒222-0023 神奈川県横浜市港北区仲手原2-39-8
TEL：045-432-1620（大窪教道）

神奈川県ユースヨットクラブ：〒224-0065 神奈川県横浜市都筑区高山10-2
TEL：045-942-3523（城山文作）

横浜市民ヨットハーバージュニアヨットクラブ：〒240-0033 神奈川県横浜市保土ケ谷区
境木本町57-7
TEL：045-712-9764（増田征三）

かながわジュニアヨットクラブワンダラーズ：〒226-0025 神奈川県横浜市緑区
十日市場町903-16
TEL：045-984-4712（芦垣明彦）

葉山マリーナブルーアンカー Jr：〒240-0111 神奈川県三浦郡葉山町一色919
TEL：046-875-6944（土師裕史）

葉山町セーリング協会：〒240-0112 神奈川県三浦郡葉山町堀内810
TEL：046-875-0257（松田菊雄）

ヨット・ボートに乗るキッカケ教えます!
全国スクールリスト

YMFSジュニアヨットスクール葉山：〒438-8501 静岡県磐田市新貝2500
TEL：0538-32-9827（ヤマハ発動機スポーツ振興財団 箱守康之）

逗子ジュニアヨットクラブ：〒236-0057 神奈川県横浜市金沢区能見台6-12-12
TEL：045-786-5387（田中雅晴）

江の島ジュニアヨットクラブ：〒251-0036 神奈川県藤沢市江の島1-12-2
TEL：0466-22-0261（青山 篤）

湘南ジュニアヨットクラブ：〒251-0036 神奈川県藤沢市江の島1-12-2
E-mail: sjyc2010@gmail.com

藤沢市青少年セーリングクラブ：〒245-0005 神奈川県横浜市泉区白百合1-15-29
TEL：045-811-4930（山下弘雄）

柏崎ジュニアヨットクラブ：〒945-0006 新潟県柏崎市西本町1-6-42
TEL：0257-24-6579（二宮壮行）

富山県ジュニアヨットクラブ：〒939-2306 富山県富山市八尾町井田536 井田コーポ203
TEL：076-454-5890（佐野文秀）

石川羽咋ジュニアセーリングクラブ：〒925-0054 石川県羽咋市千里浜町ト52-12
TEL：0767-22-6306（河崎 浩）

福井県セーリング連盟ジュニアセーリングクラブ：〒919-0633 福井県あわら市花乃杜2-3-3
TEL：0776-73-4443（松田文彦）

長野県ジュニアセーリングクラブ連盟：〒381-0087 長野県長野市田子347
長野自家用車内
TEL：026-295-2074（小山利夫）

大町市B&G海洋センター：〒398-0004 長野県大町市大字常盤5638-44
大町市運動公園総合体育館
TEL：0261-22-8855（丸山優一）

伊東ヨットスポーツ少年団：〒414-0027 静岡県伊東市竹の内2-6-21
TEL：0557-37-9651（稲葉武夫）

伊東ジュニアヨットクラブ：〒414-0055 静岡県伊東市岡1335-25
TEL：0557-32-3321（佐々木 守）

清水ヨットスポーツ少年団：〒421-3111 静岡県庵原郡由比町今宿1-23
TEL：0543-75-2947（原 千尋）

熱海ジュニア海洋クラブ：〒413-0022 静岡県熱海市昭和町4-22
TEL：0557-81-3688（野田孝一）

静岡県セーリング連盟浜名湖ジュニアクラブ：〒431-1402 静岡県浜松市北区
三ケ日町都筑422-5
TEL：053-526-1065（高橋幸吉）

B&Gなごや海洋クラブ：〒458-0841 愛知県名古屋市緑区鳴海町小森8-1
サンビラ野並B-1104
TEL：052-892-7217（水谷斗男留）

愛知県ヨット連盟ユースチーム：〒478-0054 愛知県知多市つつじが丘2-4-4
TEL：0562-55-8625（森 信和）

三重県ヨット連盟ジュニアヨットクラブ：〒514-0083 三重県津市片田新町44-3
TEL：059-237-1396（山下 通）

琵琶湖ジュニアヨットクラブ：〒520-0851 滋賀県大津市唐橋町2-14
TEL：077-534-7052（西居基晴）

琵琶湖ジュニアセーリングスクール：〒611-0042 京都府宇治市小倉町寺内75-20
TEL：0774-20-5310（増田佳久）

宮津ジュニアヨットクラブ：〒626-0043 京都府宮津市惣248-1
TEL：0772-22-6912（大江 信）

大阪ジュニアヨットクラブ：〒597-0095 大阪府貝塚市二色港町1番 二色ハーバー
TEL：0724-23-0064（藤原洋彰）

B&G兵庫ジュニア海洋クラブ：〒550-0004 大阪府大阪市西区靭本町1-19-23-805
TEL：06-6445-7023（西村将弘）

KYCジュニアヨットクラブ：〒662-0934 兵庫県西宮市西宮浜4-16-1
TEL：0798-26-0691（竹井一雄）

B&G伊丹海洋クラブ：〒664-0012 兵庫県伊丹市緑ケ丘2-163-3
TEL：0727-87-6103（西尾 隆）

奈良YMCAマリンクラブ：〒631-0823 奈良県奈良市西大寺国見町2-14-1
TEL：0742-44-2207（金子 司）

和歌山ジュニアヨットクラブ、B&G和歌浦海洋クラブ：〒641-0014 和歌山県和歌山市
毛見1514 和歌山セーリングセンター
TEL：073-448-0251

鳥取県ジュニアヨット協会：〒683-0803 鳥取県米子市日ノ出町1-6-7 ヨットショップナイトウ内
TEL：0859-32-1155（内藤武夫）

安来ジュニアヨットクラブ：〒683-0803 鳥取県米子市日ノ出町1-6-7 ヨットショップナイトウ内
TEL：0859-32-1155（内藤武夫）

隠岐ジュニアヨットクラブ：〒685-0011 島根県隠岐郡隠岐の島町大字栄町754-2
TEL：0851-22-4084（中西賢一）

玉野少年少女ヨットクラブ：〒706-0151 岡山県玉野市長尾1588-55
TEL：0863-32-3493（年岡光謹）

福山ジュニアヨットクラブ：〒721-0955 広島県福山市新涯町2-1-1
TEL：0849-54-6267（笹川博光）

広島セーリングスクール：〒730-0003 広島県広島市中区白島九軒町24-3-201
TEL：082-223-4361（檜皮浩二）

光セーリングクラブ（ジュニア）：〒743-0011 山口県光市光井2-19-2
山口県スポーツ交流村内
TEL：0833-71-1144（藤岡 悍）

YMCA阿南国際海洋センター ジュニアヨットクラブ：〒779-1750 徳島県阿南市
椿町那波江
TEL：0884-33-1221（YMCA阿南国際海洋センター）

高松ジュニアヨットクラブ：〒760-0011 香川県高松市浜ノ町67-1 ヨットハーバー内
TEL：03-3399-8715（山内庄司）

仁尾町少年ヨットクラブ：〒769-1406 香川県三豊郡仁尾町大字仁尾辛34-2
TEL：0875-82-5109（藤村 隆）

B&G土庄海洋クラブ：〒761-4103 香川県小豆郡土庄町甲5435-11
TEL：0879-62-5403（大原 泰）

小豆島ジュニアヨットクラブ：〒761-4304 香川県小豆郡池田町室生2084-1
TEL：0879-75-2266（陶山哲夫）

B&G松山海洋クラブ：〒791-8071 愛媛県松山市松ノ木1-7-35
TEL：089-951-6000（大槻映幸）

北九州ジュニアヨットクラブ：〒806-0022 福岡県北九州市八幡西区藤田4-3-1
アネシス黒崎403
TEL/FAX：093-645-0835（岩崎 正）

B&G津屋崎海洋クラブ：〒811-3219 福岡県福津市西福間4-7-33
TEL：0940-42-2623（占部雄三）

B&G福岡ジュニアヨット海洋クラブ：〒819-0001 福岡県福岡市西区小戸3-58-1
福岡市立ヨットハーバー内
TEL：092-871-6589（河内孝明）

玄海セーリング・ジュニアクラブ：〒847-0861 佐賀県唐津市二タ子3-1-8
佐賀県ヨットハーバー
TEL：0955-73-7041（重 由美子）

B&G時津海洋クラブ：〒851-2126 長崎県西彼杵郡長与町吉無田郷1185-68 県住C-504
TEL：095-883-6457（槙 太一）

長崎県ヨット連盟ジュニアヨットクラブ：〒852-8013 長崎県長崎市梁川町7-10
TEL：095-861-3552（藤田邦行）

長崎ジュニアヨットクラブ：〒852-8052 長崎県長崎市岩屋町41-22 長崎工業高校内
TEL：095-856-0115（三嶋由之）

熊本ジュニアヨットクラブ：〒869-1101 熊本県菊池郡菊陽町津久礼2268-125
TEL：096-232-5147（山川満清）

B&G別府海洋クラブ：〒847-0833 大分県別府市鶴見9組 ルミエルの丘H-15
TEL：0977-25-7670（濱本徹夫）

宮崎ジュニアヨットクラブ：〒880-0923 宮崎県宮崎市希望ケ丘2-13-9
TEL：0985-56-4736（関 公志）

鹿児島ジュニアヨットクラブ：〒891-0144 鹿児島県鹿児島市下福元町5378
TEL：099-261-0215（橋元幸一）

B&G鹿屋海洋クラブ：〒893-0054 鹿児島県鹿屋市高須町2457 鹿屋体育大学
TEL：0994-47-2758（西村大作）

鹿屋海洋スポーツクラブ：〒893-1202 鹿児島県肝属郡高山町波見3-161
TEL：0994-65-6519（坂口喜作）

沖縄県セーリング連盟ジュニアクラブ：〒900-0012 沖縄県那覇市泊3-12-6
TEL：098-868-5793（有銘祐子）

ヤマハヨットスクール

ディンギーコース

[関東地区]

湘南会場

[開催場所] 逗子会場「マリンボックス100」：
神奈川県逗子市新宿2-14-4 TEL：046-872-1550

[開催場所] 葉山会場「葉山セイリングクラブ」：
神奈川県三浦郡葉山町堀内943 TEL：046-875-1731

[開催場所] 長浜会場「リプルセイリングクラブ」：
神奈川県横須賀市長井2-11-1 TEL：046-857-1711

[開催場所] 長浜会場「ファーイースト」：
神奈川県三浦市初声町和田2958 TEL：046-889-0939

[開催場所] 野比会場「野比ヨットクラブ」：
神奈川県横須賀市長沢1785-9 TEL：046-849-6296

涸沼会場

[開催場所]「涸沼ヨットハーバー」：
茨城県鉾田市箕輪2513 TEL：0291-37-0629

[関西地区]

琵琶湖会場

[開催場所] ヤマハマリーナ琵琶湖
関西地区問い合わせ:ヤマハマリーナ琵琶湖(TEL：077-578-2182)、ヤマハマリンカウンター京都(TEL：0120-808-414)、セイリングスタッフカンパニー(TEL：090-3708-1677)

クルーザースクール

大阪会場

クルーザー入門コース：[開催場所] 新西宮ヨットハーバー
クルーザー実践コース：[開催場所] 西宮マリーナ

琵琶湖会場

クルーザー体験コース、クルーザーベーシックコース、クルーザーキャプテンコース：[開催場所] ヤマハマリーナ琵琶湖
関西地区問い合わせ:ヤマハマリーナ琵琶湖(TEL：077-578-2182)、ヤマハマリンカウンター京都(TEL：0120-808-414)、セイリングスタッフカンパニー(TEL：090-3708-1677)

ここに掲載しているリストは（社）日本マリーナ・ビーチ協会に加盟している会員マリーナのリストです。その他のマリーナを探すには、キーワード「マリーナ情報」で検索するとさまざまなサイトが出てきますので参考にしてください。（2012年2月現在）

北海道

祝津マリーナ：〒047-0047 小樽市祝津3-197
Tel：0134-32-4031　Fax：0134-25-2476

マリンウェーブ小樽：〒047-0008 小樽市築港5-7
Tel：0134-22-1311　Fax：0134-22-1337

苫小牧港勇払マリーナ：〒059-1372 苫小牧市字勇払376
Tel：0144-56-4771　Fax：0144-56-4772

青森県

青森マリーナ：〒038-0012 青森市柳川1-4-3
Tel：017-783-4110　Fax：017-783-4085

茨城県

茨城県大洗マリーナ：〒311-1305 東茨城郡大洗町港中央12-5
Tel：029-267-5993　Fax：029-267-7757

潮来マリーナ：〒311-2403 潮来市釜谷731
Tel：0299-67-5276　Fax：0299-67-5234

ラクスマリーナ：〒300-0033 土浦市川口2-13-6
Tel：029-822-2437　Fax：029-826-2839

千葉県

浦安マリーナ：〒279-0032 浦安市千鳥2
Tel：047-355-2222　Fax：047-351-6999

銚子マリーナ：〒288-0025 銚子市潮見町15
Tel：0479-25-7720　Fax：0479-25-1322

東京パワーボートセンター：〒272-0024 市川市稲荷木3-25-1
Tel：047-379-1984　Fax：047-379-1985

勝浦マリンハーバー：〒299-5233 勝浦市浜勝浦178-3
Tel：0470-73-4010　Fax：0470-73-4010

東京都

勝どきマリーナ：〒104-0054 中央区勝どき3-15-3
Tel：03-3531-7833　Fax：03-3531-7834

月島マリーナ：〒104-0052 中央区月島1-2-6
Tel：03-3531-2691　Fax：03-3531-0977

東京夢の島マリーナ：〒136-0081 江東区夢の島3-2-1
Tel：03-5569-2710 Fax：03-5569-2711

東京湾マリーナ：〒136-0075 江東区新砂3-11-2
Tel：03-3648-6354 Fax：03-3644-0567

ニューポート江戸川：〒134-0084 江戸川区東葛西3-17-16
Tel：03-3675-4701 Fax：03-3675-4703

神奈川県

シーボニアマリーナ：〒238-0225 三浦市三崎町小網代1286
Tel：046-882-1212 Fax：046-882-5131

逗子マリーナ：〒249-0008 逗子市小坪5-23-9
Tel：0467-23-2111 Fax：0467-22-1000

KMC横浜マリーナ：〒230-0053 横浜市鶴見区大黒町2-19
Tel：045-504-1094 Fax：045-504-7771

佐島マリーナ：〒240-0103 横須賀市佐島3-7-4
Tel：046-856-0141 Fax：046-856-7199

シティマリーナ・ヴェラシス：〒239-0824 横須賀市西浦賀4-11-5
Tel：046-844-2111 Fax：046-844-9572

湘南サニーサイドマリーナ：〒240-0103 横須賀市佐島3-11-33
Tel：046-856-7810 Fax：046-856-2760

サニーサイドマリーナウラガ：〒239-0821 横須賀市東浦賀2-22-2
Tel：046-843-4123 Fax：046-843-4100

小坪マリーナー：〒249-0008 逗子市小坪4-27-12
Tel：0467-23-1516 Fax：0467-23-1515

葉山マリーナー：〒240-0112 三浦郡葉山町堀内50-2
Tel：046-875-2670 Fax：046-876-1146

葉山港：〒240-0112 三浦郡葉山町堀内50
Tel：046-875-1504 Fax：046-876-1862

油壺京急マリーナ：〒238-0224 三浦市三崎町諸磯1574
Tel：046-882-2720 Fax：046-882-3145

油壺ヨットハーバー（三崎マリン）：〒238-0225 三浦市三崎町小網代1003-6
Tel：046-882-6081 Fax：046-882-1770

湘南港（江の島ヨットハーバー）：〒251-0036 藤沢市江の島1-12-2
Tel：0466-22-2128 Fax：0466-25-5413

湘南マリーナ：〒254-0025 平塚市榎木町11グランドビクトリア1F
Tel：0463-23-8882 Fax：0463-23-8883

横浜ベイサイドマリーナ：〒236-0007 横浜市金沢区白帆1
Tel：045-776-7599 Fax：045-776-7591

リバーポートマリーナ：〒254-0022 平塚市須賀2755
Tel：0463-22-1173 Fax：0463-24-1173

新潟県

新潟県柏崎マリーナ：〒945-0854 柏崎市東の輪町8-18
Tel：0257-21-1255 Fax：0257-21-1670

富山県

照海マリンサービス：〒931-8345 富山市西宮1-1 新日本海重工業㈱内
Tel：076-437-1435 Fax：076-437-1437

日本海マリン城光寺マリーナ：〒933-0126 高岡市城光寺字川原120
Tel：0766-44-8558 Fax：0766-44-8559

福井県

青戸マリーナ：〒919-2204 大飯郡高浜町和田1-1
Tel：0770-72-1414 Fax：0770-72-4740

マリンポート美浜：〒919-1124 三方郡美浜町早瀬14-51
Tel：0770-32-0348 Fax：0770-32-0370

三国マリーナ：〒913-0031 坂井市三国町新保42
Tel：0776-82-5511 Fax：0776-82-4140

若狭マリンプラザマリーナ：〒917-0046 小浜市岡津44
Tel：0770-53-2100 Fax：0770-53-3373

マリンステーション小浜：〒917-0107 小浜市甲ヶ崎59-10-1
Tel：0770-52-7666 Fax：0770-52-7666

うみんぴあ大飯マリーナ：〒919-2107 大飯郡おおい町成海1-16-2
Tel：0770-77-2410 Fax：0770-77-2411

静岡県

熱海マリーナ：〒413-0102 熱海市下多賀541-18
Tel：0557-68-2316 Fax：0557-68-0186

折戸マリーナ：〒424-0902 静岡市清水区折戸2-1-3
Tel：054-337-1113 Fax：054-337-1115

ヤマハマリーナ浜名湖：〒431-0411 湖西市入出字長者1380
Tel：053-578-1114 Fax：053-578-2998

伊東サンライズマリーナ：〒414-0002 伊東市湯川571-19
Tel：0557-38-7811 Fax：0557-32-5222

愛知県

西浦シーサイドマリーナ：〒443-0105 蒲郡市西浦町倉舞52
Tel：0533-57-5315 Fax：0533-57-5316

常滑マリーナ：〒479-0818 常滑市古場町5-57
Tel：0569-35-6419 Fax：0569-35-6692

出光マリンズ三河御津マリーナ：〒441-0314 豊川市御津町御幸浜1-1-21
Tel：0533-76-3100 Fax：0533-75-3487

木曽川マリーナ：〒498-0055 弥富市境町38
Tel：0567-68-1350 Fax：0567-68-2290

アイサンマリンセンター：〒444-0324 西尾市寺津町2丁-26
Tel：0563-59-6435 Fax：0563-59-6557

NTPマリーナ高浜：〒448-1325 高浜市青木町1-1
Tel：0566-54-5300 Fax：0566-54-5311

ラグナマリーナ：〒443-0014 蒲郡市海陽町2-1
Tel：0533-58-2800 Fax：0533-58-2801

三重県

伊勢湾マリーナ：〒510-0011 四日市市霞2-1-1
Tel：059-364-0100 Fax：059-364-0102

湊洋工業マリーナ部：〒515-0501 伊勢市有滝町字大浜2259-4
Tel：0596-37-4422 Fax：0596-37-4423

滋賀県

ヤマハマリーナ琵琶湖：〒520-0105 大津市下阪本5-2-2
Tel：077-578-2182 Fax：077-579-5234

マリーナ雄琴：〒520-0101 大津市雄琴5-10-56
Tel：077-578-4037 Fax：077-578-4039

セーリングスポットワニ：〒520-0523 大津市和邇南浜364
Tel：077-594-3545 Fax：077-594-1369

BSCウォータースポーツセンター：〒520-0516 大津市南船路4-1
Tel：077-592-0127 Fax：077-592-1531

マリーナクラブ・リブレ：〒520-0241 大津市今堅田3-2-2
Tel：077-573-5656 Fax：077-573-5685

淡海マリーナ：〒520-0243 大津市堅田1-21-1
Tel：077-574-0701 Fax：077-573-2504

いそのボートハウス：〒520-0232 大津市真野5-34-3
Tel：077-572-0072 Fax：077-572-0072

イヅツマリーナ西河産業：〒520-0105 大津市下阪本4-1-11
Tel：077-579-0333 Fax：077-579-0447

大橋マリーナ：〒520-0241 大津市今堅田1-15-22
Tel：077-572-0483 Fax：077-572-0483

湖愛マリーナ：〒520-0105 大津市下阪本6-1-1
Tel：077-578-0284 Fax：077-578-0284

滋賀県大津港マリーナ：〒520-0047 大津市浜大津5-3-10
Tel：077-521-6954 Fax：077-525-6684

志賀ヨットクラブ：〒520-0521 大津市和邇北浜390
Tel：077-594-1145 Fax：077-594-1442

滋賀県立柳が崎ヨットハーバー：〒520-0022 大津市柳が崎1-2
Tel：077-527-1141 Fax：077-527-1141

長龍マリーナ：〒523-0807 近江八幡市中之庄町1075
Tel：0748-32-5602 Fax：0748-32-5715

ノースポイント：〒520-0501 大津市北小松20-3
Tel：077-596-8277 Fax：077-596-8278

びわこマリーナ：〒520-0002 大津市際川1-2-20
Tel：077-524-0188 Fax：077-524-0190

琵琶湖ワニヨットクラブ：〒520-0524 大津市和邇今宿25
Tel：077-594-3555 Fax：077-594-3555

蓬莱マリーナ：〒520-0516 大津市南船路121-2
Tel：077-592-0280 Fax：077-592-1766

マリーナウインドキューブ：〒520-0502 大津市南小松19-4
Tel：077-596-1500 Fax：077-596-1471

松原ヨットクラブ：〒520-0047 大津市浜大津4-4-8
Tel：077-522-7158 Fax：077-527-0285

ヤンマーマリーナ：〒524-0102 守山市水俣町1380
Tel：077-585-1212 Fax：077-585-1339

レークウエストヨットクラブ：〒520-0241 大津市今堅田1-2-20
Tel：077-572-2114 Fax：077-573-9044

ロータリーピア88：〒520-0102 大津市苗鹿3-12-1
Tel：077-579-5554 Fax：077-579-2703

大阪府

いずみさの関空マリーナ：〒598-0048 泉佐野市りんくう往来北6
Tel：072-463-0112 Fax：072-463-0113

イシバシマリン：〒592-8333 堺市西区浜寺石津町西5丁10-19
Tel：072-264-1484 Fax：072-264-2230

泉大津造船所：〒595-0074 泉大津市小津島町1
Tel：072-533-3425 Fax：072-523-0860

オーサカマリーナ：〒597-0062 貝塚市沢330
Tel：072-423-0330 Fax：072-423-3304

大阪ポートマリーナ：〒554-0032 大阪市此花区梅町2-1-2
Tel：06-6462-0105 Fax：06-6464-3702

大阪マリンターミナル：〒551-0023 大阪市大正区鶴町1-10-10
Tel：06-6555-0722 Fax：06-6555-0898

大阪岬マリーナ：〒599-0311 泉南郡岬町多奈川谷川港
Tel：072-495-5306 Fax：072-499-2510

大阪北港ヨットハーバー：〒554-0052 大阪市此花区常吉2-13-18
Tel：06-6468-3710 Fax：06-6462-0410

岸和田マリーナ：〒596-0015 岸和田市地蔵浜町11-1
Tel：072-438-8111 Fax：072-438-7311

新浜寺マリーナ：〒592-8347 堺市西区浜寺諏訪森町西2丁無番地海岸通り石津港内
Tel：072-262-7311 Fax：072-263-7373

高石マリーナ：〒592-0006 高石市高師浜丁3
Tel：072-262-5599 Fax：072-263-4050

田尻漁港マリーナ：〒598-0093 泉南郡田尻町りんくうポート北1
Tel：072-465-8192　Fax：072-465-8194

淡輪ヨットハーバー：〒599-0301 泉南郡岬町淡輪6190
Tel：072-494-2335　Fax：072-494-2005

ダイキチマリーナ：〒590-0977 堺市堺区大浜西町23
Tel：072-222-5972　Fax：072-228-3965

出島ヨットハーバー：〒590-0831 堺市堺区出島西町1
Tel：072-244-1139　Fax：072-244-6171

二色ハーバーオーシャンワン：〒597-0095 貝塚市二色港町1
Tel：072-423-0064　Fax：072-431-8645

阪神マリーナ大正店：〒551-0002 大阪市大正区三軒家東3-7-36
Tel：06-6555-5505　Fax：06-6555-9145

阪南マリーナ：〒596-0015 岸和田市地蔵浜町7
Tel：072-432-5944　Fax：072-432-2797

藤マリン岡田マリンクラブ：〒590-0531 泉南市岡田6-1659-7
Tel：072-485-0105　Fax：072-485-0401

マリーナプレビー忠岡：〒595-0814 泉北郡忠岡町新浜2
Tel：0724-22-7799　Fax：0724-23-1199

MARINEST 7泉大津マリーナ：〒595-0054 泉大津市汐見町116
Tel：0725-31-0348　Fax：0725-31-0358

京都府

舞鶴リバーサイドマリーナ：〒624-0955 舞鶴市字丸田小字岩鼻911-1
Tel：0773-82-0845　Fax：0773-82-0512

和歌山県

和歌山マリーナシティヨット倶楽部：〒641-0014 和歌山市毛見1516
Tel：073-448-0033　Fax：073-448-0034

マリンルームオオタ：〒640-8287 和歌山市築港6-17
Tel：073-433-3008　Fax：073-433-3180

和歌山マリーナ：〒641-0014 和歌山市毛見1530
Tel：073-441-8888　Fax：073-441-8890

兵庫県

サントピアマリーナ：〒656-0023 洲本市小路谷字古茂江1276
Tel：0799-24-0401　Fax：0799-24-4591

西宮マリーナ：〒662-0933 西宮市西波止町1-2
Tel：0798-35-7757 Fax：0798-35-2597

ウィンドワード・オーシャンクラブ：〒662-0933 西宮市西波止町1-2
Tel：0798-33-9000 Fax：0798-22-5525

日本海マリーナ：〒669-6123 豊岡市小島1228-2
Tel：0796-28-2526 Fax：0796-28-2527

明石マリンポート：〒674-0093 明石市二見町南二見7-1
Tel：078-943-0300 Fax：078-943-0353

芦屋マリーナ：〒659-0035 芦屋市海洋町11-1
Tel：0797-35-6662 Fax：0797-35-6663

AKOマリーナ：〒678-0216 赤穂市正保橋町3-114
Tel：0791-45-2277 Fax：0791-45-2277

新西宮ヨットハーバー：〒662-0934 西宮市西宮浜4-16-1
Tel：0798-33-0651 Fax：0798-33-2411

岡山県

ポートオブ岡山：〒702-8016 岡山市南区小串1173-2
Tel：086-269-2038 Fax：086-269-2092

宮浦マリーナ：〒702-8014 岡山市南区宮浦字大浜681-1
Tel：086-267-3939 Fax：086-267-9011

岡山リバーサイドマリーナ：〒704-8161 岡山市東区九幡557-20
Tel：086-948-3969 Fax：086-948-3927

オバタマリーナ：〒713-8121 倉敷市玉島乙島亀ノ首49-2
Tel：086-522-5505 Fax：086-522-5711

岡南マリーナ：〒702-8015 岡山市阿津1623
Tel：086-269-2814 Fax：086-269-2815

岡山県牛窓ヨットハーバー：〒701-4302 瀬戸内市牛窓町牛窓5414-7
Tel：086-934-5160 Fax：086-934-6016

岡山サンライズマリーナ：〒702-8015 岡山市南区阿津1665
Tel：086-269-2167 Fax：086-269-2833

スズキマリーナ阿津：〒702-8015 岡山市南区阿津2800
Tel：086-269-2325 Fax：086-269-2640

スズキマリーナ神島：〒714-0044 笠岡市神島5300-7
Tel：0865-67-1257 Fax：0865-67-1453

ナスボート牛窓マリーナ：〒701-4302 瀬戸内市牛窓町牛窓4180
Tel：0869-34-2498 Fax：0869-34-2420

ボビーズウォータークラフト：〒713-8126 倉敷市玉島黒崎7106
Tel：086-528-3303 Fax：086-528-3304

レジーアマリーナ：〒701-4501：瀬戸内市邑久町虫明1702-403
Tel：0869-25-9077 Fax：0869-25-9035

広島県

デルタマリン江波マリーナ：〒730-0836 広島市中区江波栄町10-30
Tel：082-291-8125 Fax：082-295-8483

ボートパーク広島：〒730-0826 広島市中区南吉島1-1
Tel：082-249-2855 Fax：082-249-7955

沖野島マリーナ：〒737-2214 江田島市大柿町深江836-3
Tel：0823-57-2450 Fax：0823-57-6845

マリーナ広島：〒731-4325 安芸郡坂町鯛尾2-7-1
Tel：082-885-1076 Fax：082-885-2972

マリンハーバー吉浦：〒737-0845 呉市吉浦新町1-5-1
Tel：0823-31-3060 Fax：0823-31-2234

宮島ビューマリーナ：〒739-0434 廿日市市大野2-11-9
Tel：0829-55-3610 Fax：0829-55-0773

香川県

高松マリーナ：〒760-0011 高松市浜ノ町68-17
Tel：087-821-8470 Fax：087-821-8675

室本マリーナ：〒768-0001 観音寺市室本町293-81
Tel：0875-25-0883 Fax：0875-25-0882

松ヶ浦マリーナ：〒762-0015 坂出市大屋冨町3100
Tel：0877-47-0074 Fax：0877-47-1114

瀬戸マリーナ：〒769-1102 三豊市詫間町松崎2825
Tel：0875-83-6123 Fax：0875-83-6521

仁尾マリーナ：〒769-1401 三豊市仁尾町仁尾己918-12
Tel：0875-82-3231 Fax：0875-82-3276

徳島県	小松島マリーナ：〒773-0031 小松島市和田島町字松田新田165-5 Tel：0885-38-1173 Fax：0885-38-2607
	びざんマリーナ：〒770-0942 徳島市昭和町8-1 Tel：088-625-5628 Fax：0886-25-5621
高知県	太平洋マリン：〒781-8125 高知市五台山字タナスカ4984 Tel：050-3308-5606 Fax：088-861-7813
愛媛県	内海マリーナ：〒799-2463 今治市桜井甲1034 Tel：0898-48-2580 Fax：0898-48-2582
	アンカレッジ・マリーナ：〒799-2463 松山市粟井河原336-6 Tel：089-994-1300 Fax：089-994-1313
福岡県	玄海マリーナ：〒819-1331 糸島市志摩久家627 Tel：092-328-2723 Fax：092-328-1328
	福岡マリーナ：〒811-0322 福岡市東区大岳4-2-61 Tel：092-603-2268 Fax：092-603-1868
	新門司マリーナ：〒800-0113 北九州市門司区新門司北2-1 Tel：093-481-6233 Fax：093-481-1199
	福岡市立ヨットハーバー：〒891-0001 福岡市西区小戸3-58-1 Tel：092-882-2151 Fax：092-881-2344
佐賀県	伊万里マリーナ：〒848-0122 伊万里市黒川町福田20 Tel：0955-27-0118 Fax：0955-27-0160
長崎県	マリーナ・アルパマ：〒851-2107 西彼杵郡時津町久留里郷1439-10 Tel：095-882-1829 Fax：095-882-4070
	つばきマリーナ：〒848-0401 北松浦郡福島町喜内瀬免588-5 Tel：0955-47-2137 Fax：0955-47-2340

あ　と

私はボート・ヨットの雑誌「KAZI」の編集長などをさせていただきながら、一人のヨット・ボートファンとして、30有余年にわたり内外のプレジャーボート事情を見聞してきました。

そのあいだにさまざまな方々と、わが国では何故プレジャーボートがあまり普及しないのか議論させていただく機会がありました。キーワードはだいたい一緒でした。お金がかかる、お金持ちの遊び、敷居が高い、体育会的、危ない、体力がいる、ボート免許が要る、保管場所がない、あっても高額、ヨットは操船が難しい、ボートは騒音、などなど、マイナスの言葉ばかりが並びます。では、いいことはまったくないのでしょうか。否、このマイナスのキーワードを凌駕《りょうが》する素晴らしさがたくさんあることを知らない、あるいは知らせていないだけではないかと思いました。

欧米ではプレジャーボートを楽しむ歴史は長く、ひとつの文化として定着している国が数多くあります。そこには、船に乗って自らの力で自らの生命や家族や仲間を守り、ときには厳しい荒海を乗り越えて海の向こうへ到達する行為が、どれだけ人間の責任感や自立心、向上心や挑戦する心を育むかを、真に理解する習慣があるからだと思うのです。そして、その航海の途中で見る美しい海、おいしい海の幸、未知の地で出会う人々とのふれあいの素晴らしさを知っ

が　き

ているからだと思うのです。

それに比べ、わが国は海に囲まれていながらなかなか海へ乗り出す習慣がありません。ヨット・ボートのことをまったく知らない人に、この趣味がいかに素晴らしいかを伝えていると、「あなたは専門家だから分かるのでしょうけど、初めての人にとってはこの世界は敷居が高すぎて、どこへ行って、どうすれば、いくらで出来るのかがまったくわかりません」と何度かご指摘をいただきました。その言葉をヒントにこの本を書いてみました。

操船などのハウツー書はすでにたくさんありますが、この本はその手前をご案内する本です。できるだけ専門用語を使わずに、分かりやすく書いたつもりです。最後になりましたが、本書の企画意図に快く賛同して写真を協力していただいたカメラマンや関連業者の皆様、そして分かりやすくシャレたイラストを描いてくれたイラストレーターの内山良治様に心より御礼を申し上げます。

この本をキッカケに、ボートやヨットに乗って美しい海に乗り出す人が、少しでも増えてくれたら本望です。

2012年2月吉日

田久保 雅己

田久保雅己
（たくぼまさみ）

1953年千葉県生まれ。大学時代にセーリングクルーザー部の主将として神奈川県三浦市諸磯湾をベースにクルージングやレースで活躍。卒業後はヨット・ボートの総合出版社（株）舵社に入社。35年間にわたり専門誌「KAZI」の編集長など出版業に従事。現在は常務取締役。マリンジャーナリスト会議会長、UMI（海へみんなで行こう）協議会座長、（社）日本舟艇工業会理事、（社）日本舟艇協会評議員、（社）日本マリーナ・ビーチ協会優良マリーナ選考委員、（財）日本水路協会理事、（財）ブルーシー＆グリーンランド財団専門委員、東京湾の環境をよくするために行動する会理事、植村直己冒険賞推薦委員会委員。著書に「海からのメッセージ」（舵社刊）がある。

ヨット・ボートに乗るキッカケ教えます！

2012年3月15日 第1刷発行

著　者 田久保雅己
発行者 大田川茂樹

発行所 株式会社 舵社
〒105-0013
東京都港区浜松町1-2-17 ストークベル浜松町
電話 03-3434-5181（代表）、03-3434-4531（販売）

イラスト 内山良治
装　丁 木村 修
印　刷 株式会社 大丸グラフィックス

○落丁・乱丁本はお取り換えいたします。
○定価はカバーに表示してあります。

ISBN978-4-8072-1130-2

■矢部洋一 P2、P3、P7、P12、P13、P16、P32、P33、P34、P35、P36、P92、P93、P94、P138、P139、P166、P168、P169、P172、P173、P191 ／ ■村西一海 P11、P14、P15、P98、P129、P141、P200、P201 ／ ■楠哲也 P200、P201、P202、P203 ／ ■関山光二 P197、P198、P199 ／ ■藤村正人 P136 ／ ■山本聖司（玄） P124上 ／ ■深沢洋二 P42

■小田急ヨットクラブ P114左 ／ ■KMC横浜マリーナ P108 ／ ■公益財団法人ヤマハ発動機スポーツ振興財団 P69、P70、P71 ／ ■テクノレジャー P170、P175、P177、P178 ／ ■日本模型ヨット協会 P144、P151 ／ ■ニューポートマリンクラブ P105 ／ ■フローティングヨットショー実行委員会 P187 ／ ■マリーナクラブ リブレ P114右 ／ ■マリンボックス P40上、P67、P113 ／ ■マリンジャーナリスト会議 P40下、P48、P49、P50、P51、P180、P182、P183 ／ ■木製帆船模型同好会 ザ・ロープ P147 ／ ■ヤマハ発動機 P4、P5、P27、P80、P81、P82、P84、P86、P87、P89、P90

■安藤健（舵社） P6、P8、P77、P78、P118、P124下、P163、P192、P193、P194、P195 ／ ■山岸重彦（舵社） P59、P96、P97、P101、P103、P106、P107、P111、P123、P126、P133、P134、P142、P156、P159、P161、P164、P189、P205 ／ ■宮崎克彦（舵社）P9、P26、P30、P31、P41、P46、P53、P54、P55、P56、P57、P60、P65、P73、P74、P116、P184、P185 ／ ■舵社用品事業部 P144右下、P149、P152